中学校英語サポートBOOKS

英語教師のための
Chat GPT
活用

南部久貴 ［著］

明治図書

はじめに

　前作『ChatGPT×教師の仕事』では，教師の仕事全般で ChatGPT を活用するアイディアについて豊富なプロンプトとともに紹介しました。この本の発行から，まだ半年しか経っていないのですが，相変わらず生成 AI を取り巻く環境は目覚ましい速度で変化しています。

　例えば，従来の「最新の情報にはアクセスできない」「計算が苦手」といった生成 AI の弱点は，すでに過去のものとなりつつあります。かつては ChatGPT が代表格でしたが，今では無料で活用できる高性能な生成 AI が使いやすくなり，使用場面によっては，Microsoft の Copilot や Google の Gemini の方が向いているということも増えてきました。また，他のアプリケーション（以下，アプリ）と連携する拡張機能なども続々と追加され，生成 AI ができることの幅がどんどん広がっています。

　学校での生成 AI の活用を考えたとき，正直なところ，指導する教科によって「生成 AI の活用がしやすい教科」と「生成 AI の活用がしづらい教科」に分かれるように感じます。英語教育はというと，間違いなく前者で，生成 AI が一番活用しやすい教科であるといっても過言ではないでしょう。

　本書は，そんな英語教育に特化することで，生成 AI の真価を最大限引き出すことを目的としています。英語教師が授業で活用できる具体的な方法を提案するだけでなく，生徒にプロンプトを共有することで，生徒自身の学習にも役立てられるようにアイディアを詰め込みました。

さて，本書は以下の構成になっています。

Chapter 1「ChatGPT 授業活用のポイント」では，生成 AI の基本的な仕組みと，英語教育における活用の可能性について解説します。

次に，生成 AI を実際に授業で活用するためには，事前準備が不可欠です。そこで，Chapter 2「ChatGPT 活用までの準備のポイント」では，保護者への利用許諾，ChatGPT への登録，生徒とのルール確認など，スムーズな導入へ向けた必要な手続きを解説します。

本書のメインとなる Chapter 3「英語授業の ChatGPT 活用アイディア」では，英語指導や学習における様々な場面で生成 AI を活用するアイディアを豊富に紹介します。授業準備段階や評価，4 技能（リスニング・スピーキング・リーディング・ライティング）ごとに分けてまとめており，プロンプトも QR コードから簡単に使用できるようにしています。

生成 AI は，英語教育に新たな可能性をもたらす革新的なツールです。本書が，英語教師の皆様にとって，生成 AI を活用するための羅針盤となることを願っています。

2024年 5 月

南部 久貴

本書の使い方

本書では，英語教育で ChatGPT を活用するアイディアを32個紹介しています。QR コードを読み込むことで，簡単にプロンプトや ChatGPT とのやり取りをスマホやタブレット等で確認することができます。ぜひご活用ください。

活用のポイントをまとめてご紹介します。

QRを読み込むとコピーして使えるプロンプトを確認できます。

📖 語彙力

06 単語テストを作成する

POINT
1 文章から単語テストを作成しよう
2 出題方法を工夫しよう
3 表の形で出力しよう

POINT 1 文章から単語テストを作成しよう

ChatGPT を使用すれば，単語テストも簡単に作成することができます。特に，誤答の作成まで自動で行ってくれるのは大変助かります。

✂️ プロンプト

> 次の文章に書かれている単語の意味を問う４択の問題を５問作成してください。
> AI is being used in education to help students learn more effectively. For example, it can give personalized lessons based on a student's needs. It can even answer students' questions 24/7 through chatbots. Additionally, AI helps with language learning by offering real-time translations. These uses make learning more interactive and tailored to each student.

※この文章は ChatGPT を使って作成しました。

56

また，「一部，GPT-4を使用しています」と記載のあるプロンプトがあります。GPT-4（GPT-4o）とは，執筆時点で最高レベルの性能を誇る言語モデルです。GPT-3.5に比べて，より正確な作業や，より質の高い出力をすることができます。

無料版の ChatGPT でも GPT-4o を利用することができますが，回数制限等により，GPT-3.5に切り替わることもあるので，注意が必要です。Microsoft が提供する Copilot(https://copilot.microsoft.com/) では，無料で GPT-4を使用できますので，「一部，GPT-4を使用しています」と記載のあるプロンプトは，Copilot でもお試しください。

🧠 出力文例

問題1：文中の「AI」の意味は何ですか？
a) 人工知能
b) 仮想現実
c) 人間インテリジェンス
d) 高度な情報

問題2：文中の「personalized」の意味は何ですか？
a) 高度な
b) 個別の
c) 全体的な
d) 特定の

… （以下略） …

━━出力文例も紹介しています。活用のイメージがつかめます。

POINT 2　出題方法を工夫しよう

また，次のページのようにプロンプトを書くことで出題の仕方を工夫することもできます。問題文を英語にしたり，選択肢を英語の文章にしたり，穴埋め問題にしたり，頭文字だけヒントとして提示したり，と生徒のレベルに合わせて様々な問題を作ることができます。

ただし，ここで紹介する方法はGPT-3.5でも動作することを確認していますが，GPT-3.5の性能の限界でうまくいかないことも多いです。うまくいかない場合は，同じプロンプトで生成し直してみる，「してほしくないこと」をプロンプトに明記する等をお試しください。

3 英語授業のChatGPT活用アイディア

Contents

 Chapter 1

ChatGPT 授業活用のポイント

 Chapter 2

ChatGPT 活用までの準備のポイント

Chapter 3

英語授業の ChatGPT 活用アイディア

授業準備

語彙力

英文法

リスニング

＊本書の内容は2024年5月時点の情報をもとに構成しています。本書発行後に各種サービスやソフトウェアの機能，画面などが変更される可能性があります。ご了承下さい。

ChatGPT
授業活用のポイント

01 ▶ ChatGPT とは

誰でも簡単に使える AI

ChatGPT とは，2022年11月に OpenAI 社からリリースされたサービスで，簡単に使うことができることから，全世界でユーザー数が爆発的に増えています。私たちはチャットを通して，文章を書いてもらうことができます。

> **You**
> ChatGPTとはなんですか？簡潔に説明してください。
>
> **ChatGPT**
> ChatGPTは、OpenAIが開発した自然言語処理のモデルです。GPT-3.5アーキテクチャに基づいており、テキストベースの対話システムとして使用されます。ChatGPTは、ユーザーからのテキスト入力に対して人間のように自然なテキスト応答を生成することができ、質問応答、テキスト生成、テキスト理解などさまざまなタスクに活用されます。一般的な対話や情報提供などの用途で利用され、ユーザーとコンピューターの対話をよりスムーズにするためのツールとして役立ちます。

ChatGPT とのやり取り例

指示の仕方を工夫することで，提案・翻訳・添削などの様々な用途に使用できることから，勉強や仕事をサポートするツールとしての使い方に注目が集まっています。

ChatGPT には有料版と無料版がある

ChatGPT は基本的に無料で使用することができます。一方で，有料サブスクリプション版（以下，有料版）の ChatGPT Plus（月額20ドル）も提供

されています。一番大きな違いは，最も性能が高い言語モデルが優先的に使えるかという点です。例えば，執筆時点で最も性能が高いモデルの一つに「GPT-4o」があります。無料版でも GPT-4o は使えますが，回数制限があり，それを超えると，「GPT-3.5」へ切り替わります。今後も，新しい機能が登場した際に，有料版は優先的に使用できるとされています。

無料版	有料版 ChatGPT Plus
・GPT-3.5へのアクセス ・GPT-4o への限定アクセス	・GPT-4，GPT-4o，GPT-3.5 へのアクセス ・無料版に比べて，GPT-4o で最大5倍のやり取りができる

無料版と有料版における使用できる言語モデルの違い

　GPT-3.5と GPT-4／GPT-4o という言語モデルには性能に大きな違いがあります。とにかくアイディアをたくさん出したいという使い方であれば GPT-3.5でも問題なく使用できます。一方で，できるだけそのまま使えるような正確な出力がほしい場合には GPT-4／GPT-4o の方が優れています。

文章を書くだけじゃない

　リリース当初は「文章生成 AI」と呼ばれることもあった ChatGPT ですが，今では文章を書くだけでなく，画像を生成することができたり，音声でやり取りができたりと，活用の幅がどんどん広がっています。

　英語教育の視点から見て，これらの進化はとても魅力的です。これらの機能をうまく活用していくことで，教材作成の効率化に繋がったり，新しい教育実践が生まれたりすることでしょう。

02 ChatGPT が得意なこと・苦手なこと

ChatGPT が得意なこと

ChatGPT の一番基本的な使い方は文章を生成することです。しかし，ただ文章を書くだけでなく，次のようなことを得意とします。

ChatGPT が得意なこと
・文章を要約する
・アイディアをたくさん出す
・文章を翻訳する

例えば，長い文章を「箇条書きで要約して」と送信すると，わかりやすくまとめてくれます。

また，アイディアを広げるのにも有効で，20個アイディアを出してというと，すぐに案を20個提案してくれます。もちろんすべてのアイディアが「使える」レベルのアイディアというわけではありませんし，まだまだ人間が考え出すアイディアを越えるようなものは基本的には出てきません。しかし，ChatGPT が出したアイディアを見てみると，「この視点もあったか」「ここを直したら良くなりそう」と考えるきっかけを与えてくれるものもあります。

さらに，文章の翻訳も得意です。これまでにも Google 翻訳や DeepL 等様々な翻訳ツールがありましたが，一番の違いは，相談しながら改良できる点です。「もう少し簡単な語を使ってほしい」「もう少し短くしたい」「もう少し丁寧に」といったように，一緒に相談しながら翻訳をすることができるので，より柔軟な調整が可能となります。

ChatGPT が苦手なこと

ChatGPT には苦手なこともあります。

ChatGPT が苦手なこと
・語数を計算する
・最新の情報を出す
・情報の検索

例えば，「15語で例文を書いてください」といった指示を出しても，ChatGPT は15語で例文を書いてくれないことがほとんどです。これはChatGPT がトークンという異なる単位で単語量を把握しているからです。

また，ChatGPT はある時点までの情報しかもっていないため，最新の世界情勢については教えてもらうことができません。さらに，ChatGPT は，あくまでも確率的に次に来る語を予測して文を生成しているため，誤った情報を出力することにも注意が必要です。この誤った情報をあたかも本当の情報かのように出すことを，幻覚という意味の言葉で「ハルシネーション」と言います。2024年5月のアップデートで無料版でも Web 上の情報を検索して回答する機能が使用できるようになりました。ハルシネーション対策として，確実に検索したうえで出力させるには，「○○について Web 上の情報を検索したうえで，○○をしてください」という風にプロンプトを追加するのがおすすめです。

万能と思われがちな ChatGPT にも欠点があります。これまで通り，語数の計算なら Word 等でカウントすれば良いですし，最新の情報を検索するのであれば Google で検索する方が早い場合があります。得意・不得意なことを見極め，使用するツールを選択することが大切です。

03 ▸ 英語授業と ChatGPT の相性

ChatGPT の学習データには英語が多く含まれている

　W3Techs によると，インターネット上の50％以上の情報は英語で書かれている一方で，日本語は４％前後にとどまっています（2023年12月時点）。ChatGPT はインターネット上の情報を AI の学習に使用しているため，英語での出力の方が，精度が高いことが多く，より自然な文章を生成できると考えられています。

４技能の学習でフルに活用できる

　ChatGPT は英語学習の４技能すべてにおいて大いに活用することができます。「読むこと」「書くこと」については，読んだ文章の内容理解を確認する問題を作成したり，ある単語の例文を作成したり，英作文の添削をしたりと様々な方法で使用することができます。

> **あなた**
> 英作文の添削をしてください。
>
> **ChatGPT**
> もちろんです。英作文をこちらに入力してください。添削いたします。
>
> **あなた**
> Thank to ChatGPT, we can learn English by myself.
>
> **ChatGPT**
> Your sentence is almost correct, but it needs a little adjustment for clarity and grammatical accuracy. Here's a revised version:
>
> "Thanks to ChatGPT, we can learn English by ourselves."
>
> Changes made:
>
> 1. "Thank" was changed to "Thanks" to correctly start the sentence with a plural noun phrase.
> 2. "by myself" was changed to "by ourselves" to match the plural subject "we."
>
> This revised sentence now correctly expresses gratitude towards ChatGPT for enabling self-directed English learning.

さらに，現在ではChatGPTがユーザーと音声で会話できるように進化しています。この機能はChatGPTのアプリがあれば，無料で使用することができるため，「聞くこと」「話すこと」の練習をすることができます。

右下の「ヘッドフォン」
アイコンをクリックすると
音声での会話ができる

やり取りは、後から文字でも確認できる

このように，使い方次第で，英語学習の4技能すべてにおいてChatGPTは強力なサポートをしてくれます。具体的な使用方法やプロンプトはChapter 3で詳しく解説します。

04 文部科学省のガイドライン

ガイドラインを確認しよう

2023年7月に文部科学省から『初等中等教育段階における生成AIの利用に関する暫定的なガイドライン』（以下，ガイドライン）が公開されました。下記のQRコードから全文を確認いただけます。

> **初等中等教育段階における生成AIの利用に関する**
> **暫定的なガイドライン**
> https://www.mext.go.jp/content/20230704-mxt_shuukyo
> 02-000003278_003.pdf

このガイドラインは，あくまでも学校での生成AIの活用を検討していくための参考資料として位置付けられています。そのため，生成AIの使用を「一律に禁止や義務づけを行う性質のものではない」と明記されています。

「適切でないと考えられる例」と「活用が考えられる例」

紙面の都合上，本書ではガイドラインの第3項の「適切でないと考えられる例」「活用が考えられる例」だけ紹介しておきたいと思います。ガイドラインでは，基本的に生成AIを学習等において「補助的に」使用するという考え方で，それに加えて，生成AI自体について自分の考えを持って使用していくことが求められています。

適切でないと考えられる例

1. 情報活用能力が未発達の段階で AI を自由に使わせること
2. 生成 AI の成果物を自分のものとして提出すること
3. 感性や独創性を求める場面で AI を使わせること
4. 調査の場面で，質の担保された教材（教科書）を使用する前に AI を使わせること
5. 教師の評価が必要な場面で AI を使わせること
6. テストで生徒に AI を使わせること
7. 教師が AI の出力のみで評価を行うこと
8. 教師が人間の教育指導を放棄し，AI に相談させること

活用が考えられる例

1. 生成 AI を情報モラル教育の教材として利用すること
2. 生徒が生成 AI について主体的に考え，議論すること
3. 議論やアイディアのまとめの過程で生成 AI を活用すること
4. 英会話の相手として生成 AI を活用すること
5. 自らの文章を生成 AI に修正させ，推敲する過程を経験させること
6. 高度なプログラミング学習で生成 AI を利用すること
7. 生成 AI を活用した問題解決能力の評価を行うこと

（ガイドライン p.5をもとに作成）

　この他にも，ガイドラインの第 4 項の「その他の重要な留意点」では，個人情報の扱いや著作権へ留意することの重要性が記載されています。学校で ChatGPT を使用していく際には，ガイドラインに照らし合わせて，一つひとつの使用方法を検討していく必要があります。特に生徒が使用する場合には，校内でよく検討して合意を得たうえで，使用していきましょう。

05 プロンプトを書くときのコツ

プロンプトとは

　ChatGPT で送信する文章のことをプロンプトと言います。プロンプトは，普段私たちがパソコン上で行っている作業を文章化して，ChatGPT 上で再現できるようにしたものです。一度プロンプトを書いてしまえば，同じ作業を何度も繰り返し行うこともできるため，仕事の効率化に繋がります。ChatGPT はプロンプトの書き方次第で，活用の幅が大きく広がります。そのため，いかにプロンプトを工夫するかが ChatGPT を活用する際の鍵となります。

　しかしながら，私自身，毎回凝ったプロンプトを書いているわけではありません。私は，以下の流れでプロンプトを書いています。

私がプロンプトを書く流れ

1. とりあえず短く指示を出してみる

　　　↓もしイマイチなら 🐾

2. 深津式プロンプトにしてみる

　　　↓もしイマイチなら 🐾

3. 出力を整えるテクニックを使用する

　「プロンプトをどう書けば良いのかわからない」と悩んでいるよりも，「試す→改良する」というサイクルを回した方が効率的です。プロンプトが短くて済むなら短い方が楽ですからね。それでは，この流れをもう少し詳しく見ていきたいと思います。

まずは一文一文を短く書くことを意識しよう

　私自身プロンプトを書く際に意識しているのは，「一文一文を短く書く」ということです。これは，ただ字数を少なくするということではなく，接続詞などをできるだけ使わず，１つの文に内容を詰め込みすぎないということです。以下の例のように出力をする際に，必要ない情報はできるだけ削除すべきでしょう。また，言葉のチョイスも丁寧に意識しましょう。

[ダメな例]

英語の授業で行う活動が思いつかなくて困っているのですが，

　　　　　　　　　　　　　　　　　　　　不要

おもしろいゲームを考えてください。

　　　「ゲーム」とすると出力が限定されます

　　　「活動」の方がより幅広い案を得ることができます 👍

[改善案]

英語の授業で行う活動を20個提案してください。

　　　数を指定して無茶振りするのもおすすめです 👍

深津式プロンプトで書いてみよう

　簡単なプロンプトで思うようにいかないときは，プロンプトの代表的なテンプレートである「深津式プロンプト」を使ってみましょう。

\# 命令書：　　　　　　　　── 役割を指定する
あなたは優秀な 教育者 です。
以下の制約条件と入力文をもとに最高の授業案を出力してください。
\# 制約条件：
・小学生でも理解できる内容にすること　── してほしいことを
・活動を必ず 2 つ入れること　　　　　　　　明確にする
\# 入力文：
英語での道案内について授業案を考えてください。

　ChatGPT に役割を指定して，そのように振る舞ってもらうことで，コンテクストを簡単に伝えることができます。
　また，「制約条件」として，出力に制限をかけて「してほしいこと」を箇条書きで明確にすることで，より求めている出力を得やすくなります。

出力を整えるテクニックを使おう

　さらに，出力の形を指定するテクニックがあります。以下のように「# 出力：」以下に，出力してほしい内容の見出しを「## 」と共に記載することで，この見出しに沿って出力させることが可能です。

\# 出力：
\#\# 内容について
\#\# 準備物について

　また，表の形で出力させたいときは「|」（半角の縦線）を使用します。この記号は，「Shift キー＋¥」で入力することができます。この「|」を表の縦線に見立てて，以下の通り，表の1行目を指定することで，望んでいる出力を得ることができます。

助動詞 can を使った授業計画を立ててください。

\# 出力：

| 時間 | 生徒の活動 | 教師の指導 | 留意点 |

授業計画

時間	生徒の活動	教師の指導	留意点
0:00-0:10	導入：授業の目的を説明し、「can」の基本的な意味と使い方を紹介。	「can」が可能性や能力を表す助動詞であることを説明。	生徒が理解しやすいように、簡単な例文を使用。
0:10-0:20	リスニング：簡単な会話文を聴き、内容を理解する。	会話文をゆっくりと読み上げ、生徒にメモを取らせる。	難しい単語があれば説明。
0:20-0:30	ペアワーク：生徒同士で「can」を使った質問と回答を練習。	例文を提供し、ペアに分かれて練習させる。	全員が活動に参加しているか確認。
0:30-0:40	グループディスカッション：「can」を使って、自分や友達の能力について話し合う。	ディスカッションのテーマを提示し、進行をサポート。	生徒が積極的に発言するよう促す。
0:40-0:50	個別発表：グループディスカッションの内容を全体でシェア。	発表の時間を設定し、発表をサポート。	発表者が緊張しないように配慮。
0:50-1:00	まとめと復習：授業の内容を振り返り、「can」を使った文章を再確認。	重要なポイントを再度説明し、質問を受け付ける。	生徒が理解しているか確認。

表の形で出力させた例

　ここまで，プロンプトを書くコツを紹介しましたが，なかなか1回で求めている出力を得るのは難しく，慣れが必要です。まずは一度 ChatGPT にお願いをしてみて，出力を見ながら軌道修正していくことが大切です。

　本書では，動作を確認したプロンプトを掲載しています。QR コードを読み込むことで，ChatGPT 上でやり取りを確認することができます。そのままでも十分活用できますが，読者の皆様の目的に合わせて，改良しながらご使用いただけると幸いです。

【参考】

・あなたの仕事が劇的に変わる!? ChatGPT 使いこなし最前線
　https://www.youtube.com/live/ReoJcerYtuI

06 ChatGPT Plus（有料版）でできること

無料版と有料版の違い

ChatGPT は基本的に無料で使用することができます。一方で，OpenAI 社は有料版の ChatGPT Plus（月額20ドル）のサービスも提供しています。無料版と有料版の違いは次の通りです。

無料版	有料版 ChatGPT Plus
・GPT-3.5へのアクセス ・制限付きの GPT-4o へのアクセス ・制限付きのデータ分析機能 ・ファイルアップロード ・Web ブラウジング機能 ・カスタム GPTs の使用	・GPT-4，GPT-4o，GPT-3.5へのアクセス ・GPT-4o で最大5倍のやりとりが可能 ・データ分析機能 ・ファイルアップロード ・Web ブラウジング機能 ・DALL・E による画像生成 ・カスタム GPTs の作成と使用

（https://openai.com/chatgpt/pricing/ をもとに作成）

一番大きな違いは高性能な言語モデルの使用回数の上限にあります。GPT-4 や GPT-4o は GPT-3.5に比べて，より正確な出力をしてくれます。

無料版を実際に使ってみると，ChatGPT を頻繁に使う方であれば，GPT-4o の制限にすぐに達してしまう印象です。まずは無料版を使ってみて，よく制限に達するという方は有料版に移行するのがおすすめです。

画像を生成する

有料版では画像を生成することができます。

画像について質問する

　ChatGPT では画像や文書ファイルについての質問をすることもできます。この機能も，無料版と有料版では，アップロードできる回数にかなり違いがあります。この機能を使えば，自分が持っている画像をアップロードして，「写っているものをすべて英語で説明して」とお願いしたり，手書きの英作文を写真に撮ってアップロードし，「添削して」とお願いしたりすることも可能です。この他にも，有料版ではオリジナルの GPT（GPTs）を作成・使用できる機能も提供されています。

実際みんなはどう使っている？

　ChatGPT が登場して以来，世界では「生成 AI ブーム」が巻き起こっています。もちろん教育現場も例外ではなく，生成 AI の教育現場での活用を目にする機会も増えてきました。しかし，実際のところ，まだ生成 AI を使ったことがないという先生方や生徒が大部分を占めているのではないでしょうか。

　私は，教育現場における生成 AI の活用状況や，現在活用されている先生方の具体的な使用方法を収集することを目的としたアンケート調査を実施しました。実施期間は2024年1月13日〜2024年2月15日までで，Web 上のアンケートフォームで実施しました。X（旧 Twitter）等でアンケートへの回答を呼びかけを行いました。

回答者について

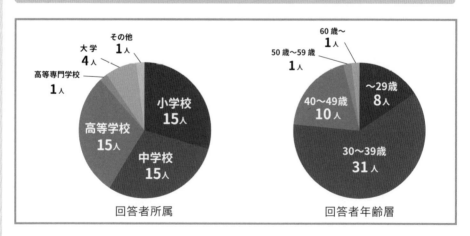

今回，実施したアンケートでは51件の回答が得られました。はじめに，アンケートへ協力いただいた方々の所属・年齢について紹介します。アンケー

トの対象は，小学校，中学校，高等学校，高等専門学校，大学の教員としていましたが，主に回答いただいたのは，小学校，中学校，高等学校の教員です。それぞれ15名の方に回答いただきました。また，年齢については，「30歳～39歳」が一番多く占めており，約8割の回答者が39歳以下の教員です。さらに，「あなたは生成AIを教育現場で活用したことがあるか」という問いに対しては，51人中39人の教員が「はい」と答えています。

　先に断っておきますが，調査への参加が任意であったことやChatGPTの教育利用について発信するSNSアカウントで回答を呼びかけたことが起因して，回答者にバイアスが生じています。

『「GIGAスクール構想の下での校務DX化チェックリスト」に基づく自己点検結果の報告について（通知）』
https://www.mext.go.jp/a_menu/shotou/zyouhou/detail/mext_02597.html

　2023年12月に文部科学省から公表された，全国の公立小中学校を対象とした調査では，「生成AIを校務で活用していますか」という問いに対して，76.8%の学校が「全く活用していない」と回答しています。この文部科学省の調査結果と比較しても，今回私が実施した調査の回答者は，比較的生成AIに関心がある教員だということがわかります。以下で具体的な結果を示しますが，そのことも差し引いたうえでご覧いただけると幸いです。

生成AI活用している教員はどう活用しているか

　生成AIを教育現場で活用したことがあると回答した39人に追加で質問を行なっています。まず，使用頻度について尋ねたところ，「毎日」が11人，「週に数回」が10人と約半分以上の教員がかなり日常的に使用していることがうかがえます。また，使用している生成AIについては，ほとんどの教員

が「ChatGPT」を使用しており，大きく差をあけて「Copilot」が続いています。個人的に，少し意外だったのが，17人が使用していると回答した「Canva の AI 機能」です。Canva が Copilot とほぼ同じ数の教員によって使用されています。最近 Canva は，デザインツールにとどまらず，共同編集やプレゼンなど，幅広く使える教育ツールとして注目が高まっています。このような Canva 上で使用できるということもあり，「Canva の AI 機能」が多くの教員に使用されているのだと推察されます。これは教育分野ならではの結果と言えるでしょう。

　最近では，Copilot や Gemini の性能・使いやすさが向上しているので，今後これらのツールも ChatGPT と変わらないくらいの人気となる可能性も十分あると私は考えています。GIGA スクールの関係で，Microsoft アカウントや Google アカウントをすでにもっており，それらのアプリの操作に慣れている先生が多いということも後押ししそうです。

　次に，使用している場面について聞いた結果は，以下の通りとなりました。

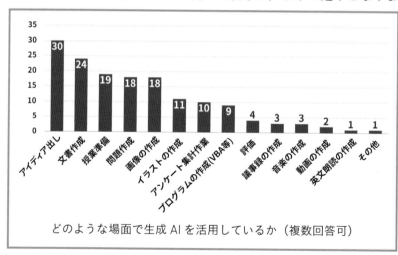

どのような場面で生成 AI を活用しているか（複数回答可）

「アイディア出し」「文書作成」が最も多くなっていますが，非常に幅広い用途で使用されていることがわかります。さらに，一番役に立った活用方法を記述で回答してもらった結果は次の通りです。

一番役に立った活用方法（一部抜粋，一部紙面の都合上改変しています）

・英文構成のチェック

・アンケート集計作業です。人間の目よりも速く正確に傾向を掴むことができました。

・ElevenLabs で AI に文章を読み上げてもらい，生徒に繰り返し聴かせることでリスニングの能力向上に役立てた。

・GAS（Google Apps Script：Google が開発・提供しているプログラミング言語）の作成，Google スプレッドシートにてチェックをすると自動メール送信の GAS の作成（＊）

・所見の作成や弁論大会の生徒が記入する用紙に氏名やテーマを入力するときのスプシづくりの関数を生成 AI に出してもらった

・単文を繋ぎ合わせて会話文を作ったり文章を作る。要約する。

・調査書の作成

・読解問題の英文と選択肢を，使用してほしい単語や表現を含めて生成できたこと。

・保護者宛の手紙のひな形作成

・学級目標を決める際の意見整理，枕草子風文章を作らせる。

・ルーブリック評価表作成

・文章のパラフレーズ（CEFR レベルで調整する）

・小論文指導や面接指導の生徒の自主練習に使用した。テーマに対して ChatGPT が論点を示してくれるので，さらにそれに対して生徒に質問をさせていった。ChatGPT の使用を通して論点整理や知識の不足している部分を確認できた。

・デジタルバッジの作成

（＊）Google スプレッドシートに記載されているメールアドレスや氏名の情報を取得して，自動で
　　メールを送ることができるようにします。

このように，生成 AI は活用のアイディアやプロンプト次第で，教育現場でも本当に様々な活用をすることができます。

現在，生成 AI を活用している教員に「自身の仕事の効率化に役立っているか」を聞いたところ，「とてもそう思う」と「ややそう思う」と答えた教員は39人中33人で8割以上の教員が仕事の効率化に役立つと回答しています。

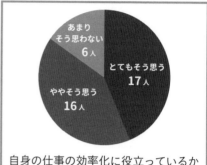

自身の仕事の効率化に役立っているか

多くの人がこれから必要になっていくと感じている

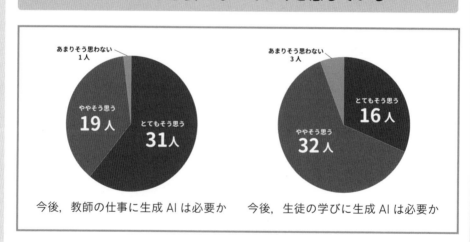

今後，教師の仕事に生成 AI は必要か　　今後，生徒の学びに生成 AI は必要か

最後に，今後の「教師の仕事」「生徒の学び」に生成 AI が必要だと思うかという質問について，全回答者にたずねたところ，どちらも9割以上の先生方が「とてもそう思う」「ややそう思う」と回答しています。最初に断った通り，回答者にバイアスのある調査ではありますが，かなり多くの先生方が，生成 AI が必要だと感じているようです。この結果を見ると，教育界では「生成 AI ブーム」が単なるブームで終わるわけではなさそうです。

Chapter 2

ChatGPT 活用までの
準備のポイント

01 ChatGPT に登録する

ChatGPT は 2 種類の方法で使える

ChatGPT を使うには，①スマホ用の公式アプリから使用する方法と②ブラウザから使用する方法の 2 種類があります。スマホで使用する場合はアプリ・ブラウザから，パソコンで使用する場合はブラウザから使用することになります。それぞれ以下の QR コードからアクセスすることができます。

【アプリ版】 スマホで使う	○ iPhone 用 https://apps.apple.com/us/app/chatgpt/ id6448311069 ○ Android 用 https://play.google.com/store/apps/ details?id=com.openai.chatgpt& pcampaignid=web_share
【ブラウザ版】 スマホ・パソコン で使う	https://chat.openai.com/auth/login

無料版と有料版の違い

まずはアカウントを作成しよう

2024年4月のアップデートでアカウントがなくても使えるようになりましたが，会話を保存する等，最大限活用するにはアカウントを作成する必要があります。アプリ版とブラウザ版で画面が異なりますが，右ページのように登録を進めていきましょう。

ブラウザ版（スマホ・パソコンで使う場合）

① Sign up ボタンをクリックする。

② 任意のメールアドレスで登録，または，各種アカウントで登録を進める。

アプリ版（スマホで使う場合）

Continue with Apple	Apple ID で登録する
Continue with Google	Google アカウントで登録する
Sign up with email	任意のメールアドレスで登録する

　いずれかの方法を選択し，生年月日等の必要事項を入力していくとアカウントが作成できます。

基本的な使い方

　アカウントの作成が完了すると，上記のような画面が表示されます。画面右側の下部にあるチャット欄に質問を入力すると，ChatGPTから回答が返ってきます。

　画面左側の上部にある■ボタンをクリックすると，新しい会話を始めることができます。画面左側にはこれまでの会話の履歴が表示されているので，クリックすれば，再度これまでの会話を開くことができます。

02 保護者に利用許諾を取る

ChatGPT の利用規約を確認しよう

　ChatGPT を生徒が利用する場合には，注意が必要です。ChatGPT を提供する OpenAI 社の利用規約（2023年11月14日更新）には，次のような記載があります。

> 本サービスを利用することに同意するためには，13歳以上またはお住まいの国で定められている最低年齢でなければなりません。18歳未満の場合，本サービスを利用するには親または法定後見人の許可が必要です。 Terms of use より引用，筆者による翻訳

　つまり，教師が使用する分には問題はありませんが，中学生や高校生が利用する場合には，保護者の同意を得ることが必要となります。

保護者の同意書を作成する

　私の学校では，職員会議で審議にかけたうえで，右ページのような保護者宛文書を配布して，保護者の同意を得ました。右の文書では，生成 AI を使う目的，メリット，課題点とその対応策を記載しています。ご自身の学校に合わせて書き換えて，ご使用いただければと思います。

　なお，利用規約（https://openai.com/policies/terms-of-use）は，随時更新されています。常に最新の情報をご確認ください。

保護者の皆様へ
ChatGPT の利用について（お願い）

[文頭の挨拶]
　さて，本校では，英語科の授業において，対話型 AI ChatGPT の活用を検討しております。ChatGPT を提供する OpenAI 社の利用規約には，18歳未満が使用する場合は，保護者の皆様からの同意が必要とされています。つきましては，生徒の ChatGPT の利用について，保護者の皆様からの承諾を得たいと考えております。
　下記の利点，懸念点とその対応を踏まえまして，生徒の ChatGPT の利用について，保護者の皆様から承諾をいただける場合は，署名いただき，生徒を通じて担任までご提出ください。また，ご不明な点やご質問がございましたら，いつでもお気軽にお問い合わせください。

記

【利　点】
・学習活動の充実
　ChatGPT は，複数のアイディアを提案することができます。これらのアイディアをもとに考えていくことで，学習活動の充実が期待されます。
・自主学習の促進
　ChatGPT は，生徒が単独で解決するのが難しい問題についてもサポートが可能です。これにより，生徒の自立した学習を促進することが期待されます。

【懸念点とその対応】
・情報の正確性について
　ChatGPT が誤った情報を出力するおそれがあります。この問題については，生徒に対して複数の情報源から情報の真偽を確認することを指導します。また，教師も生徒の利用状況を定期的に確認し，誤った情報が提供された場合は，速やかに訂正と説明を行います。
・生徒のプライバシーについて
　ChatGPT へ個人情報を送信することにより，生徒の個人情報が流出するおそれがあります。この問題については，他のアプリケーションと同様に，個人情報を入力・送信しないことを継続的に指導していきます。

○○学校長
ChatGPT の利用承諾書

ChatGPT の利用について，承諾いたします。

　年　　組　　番　　生徒名　　　　　　　　　　保護者氏名

03 生徒と ChatGPT を使用するうえでの ポイントを確認する

生徒の ChatGPT の使用は制限できない

　賛否両論あると思いますが，私は生徒が生成 AI を使う際，ルールで制限したくないと考えています。そもそも，これからは AI が当たり前の社会です。知らず知らずのうちに AI を使っていることもありえるような時代に，生成 AI の使用を制限するなんて不可能ですし，教育現場が生成 AI の存在を無視し続けて従来通りの指導を続けていくのも無理があるだろうと考えています。

　ただし，生徒の使い方によっては，適切とは言えない使用になるおそれや，資質・能力の育成に繋がらないおそれがあることも留意すべきです。例えば，生徒が課題に取り組んでいても，それが生成 AI の出力を丸写しするだけの作業になってしまっていたり，情報の真偽を確認しないまま生成 AI の出力だけを信じて学習してしまったりと様々な場面が想像できます。

　一方，使い方によっては，これまでできなかった学びが実現できる可能性も秘めているはずです。例えば，アイディアを整理したり，足りない視点を補ったり，家庭教師として教師がいないときでも疑問点を解消したりと，より生徒一人ひとりに合った学びができる可能性もあるわけです。

　このことを踏まえ，生徒向けに『勉強での生成 AI 活用のポイント』（右ページ）を作成しました。使用する際のポイントを見出しだけ並べたものですが，このポスターを共有しながら，教師と生徒で一緒に生成 AI の使い方を考えていくための材料となればと考えています。なお，画像はソコスト様（https://soco-st.com）からお借りしました。

QR からダウンロードできます→

流行りの生成 AI と一緒に学ぼう
勉強での生成AI活用 のポイント

生成 AI とは ...?

生成AIとはテキスト、画像、音楽など様々なデータを新たに作り出す人工知能です。
代表的な生成 AI として、ChatGPT, Copilot, Gemini などがあります
プロンプト (送信する文章)次第で、さまざまな活用をすることができます。

Points
生成 AI を
使うとき
意識したいこと

生成 AI も
間違えることがある

先生を頼ろう

教科書や本を
頼ろう

自分のアイディア
はオンリーワン

アイディアを
広げよう

相談相手として
使おう

常に最新の情報を
確認しよう

生成 AI の使用は
正直に宣言しよう

❗ 保護者等の同意 が 必要 な 場合 が あります

生成 AI によっては、未成年が使う場合に保護者等の同意が必要とさ
れています。利用規約を必ず確認するようにしましょう。

04 ChatGPT 以外の選択肢も確認する

生成 AI は ChatGPT だけじゃない

生成 AI というと ChatGPT のイメージが強いかもしれませんが，Microsoft の Copilot や Google の Gemini も無料で使用することができます。基本的には，ChatGPT と同じようにチャット形式で文章を生成することができるのですが，機能や性能に若干違いがあります。

どれを使えば良いか迷う方も多いかと思いますが，私は，どれを使ってもそれぞれ得意・不得意があるので，大きな違いはないと考えています。やはり ChatGPT はユーザー数が多く，インターネット上にノウハウが多く掲載されているためおすすめです。本書も ChatGPT 上で使用することを念頭に置いてプロンプトを掲載しています。一方，学校で Microsoft や Google のアカウントが割り当てられている場合は Copilot や Gemini を使うのも良いでしょう。

Copilot	Gemini	ChatGPT
https://copilot.microsoft.com/	https://gemini.google.com/app	https://chat.openai.com/

Comparison
一目でわかる生成AI

南部久貴.(2024).「ChatGPTの授業活用」で生徒の学びはこう変わる!教師が意識すべき3つの問い、東洋経済education×ICT. https://toyokeizai.net/articles/-/739516 を一部改変

	ChatGPT	Copilot	Gemini	ChatGPT Plus	Copilot Pro	Gemini Advanced
提供元	OpenAI	Microsoft	Google	OpenAI	Microsoft	Google
料金	無料			月額 20 ドル	月額 3200 円	月額 2900 円
年齢制限	13〜18歳は保護者の同意が必要	未成年は保護者の同意が必要	13 歳〜※	無料版と同じ		
モデル	GPT-4o, GPT-3.5 制限あり	GPT-4	Gemini 1.0 Pro	GPT-4, GPT-4o GPT-3.5	GPT-4	Gemini 1.5 Pro
必要なアカウント	アカウントなしでも数回試行可 Microsoft, Googe（学校アカウント不可）、メールでの登録にも対応	Microsoft アカウント アカウントなしでも数回試行可 またMicrosoft職場または学校アカウントの児童生徒用アカウントでは使用不可	Google アカウント ただし、Google Workspace for Education の児童生徒用アカウント使用不可	無料版と同じ		
画像生成	✕	○	○	○	○	○
ひとこと ※主観を含みます	アプリ版で音声で会話することができる。ユーザー数が多く、インターネット上に情報が豊富。	無料でGPT-4が使える。Windowsパソコンなら、標準搭載のEdgeから使用できるので導入しやすい。	言語モデルの性能はGPT-3.5以上GPT-4未満。Gmail等と連携できる。	カスタムGPTsの作成・使用ができる。プラグインで機能を強化できる。安定感がある。	ブラウザ版Officeで Copilotが使用できる。しかし、エラーも多い。	扱えるトークン（文章量）が圧倒的に多い。長く複雑な動画や音声の理解もできる。

2024.5.25時点の情報です

＊「現在のところ、18歳未満の場合は英語でのみ Gemini ウェブアプリを利用できます」と記載があります。

Copilot の使い方

　Copilot は，① Copilot（https://copilot.microsoft.com）へアクセスし，②
入力欄にメッセージを入力するだけですぐに使えます。はじめてやり取りを
するとき，利用規約に同意するかの確認が求められたら，続行をクリック
しましょう。

　ログインせずに使用することもできますが，ログインしない場合は，記憶
を保持してくれるのが５回のやり取りまでという制限あります。また，この
制限は新しい会話を開始すれば，リセットされます。

　本書では，基本的に GPT-3.5 で動くことを確認してプロンプトを掲載して
いますが，中には「GPT-4 を使用しています」と記載しているものもあり
ます。Copilot でも GPT-4 が使えるので，ぜひ Copilot で試してみてくださ
い。

Gemini の使い方

　Gemini は，① Gemini（https://gemini.google.com/app）へアクセスし，② Google アカウントでログインし，③利用規約等に同意することで使用することができます。

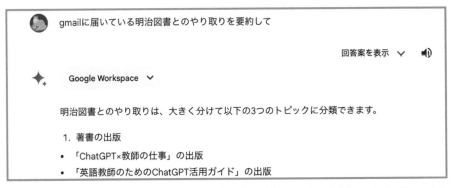

　Gemini の強みは，Google のサービスとの連携です。例えば，上記のように Gmail に届いている内容をまとめてもらうことができます。

学校版オリジナル ChatGPT

　ChatGPT を生徒に使わせるとなると，様々な課題が生じます。その１つが，生徒にアカウントをどう取得させるかです。OpenAI のアカウントを取得するためには，メールアドレスが必要となります。そのため，全員にアカウントを取得させて，使用させるのは少しハードルが高いと感じられる先生方も多いのではないでしょうか。

　これらの問題を解決するために，私は学校版オリジナル ChatGPT（以下学校版 ChatGPT）を作成しました。と言っても，私が１から学校版 ChatGPT を作ったわけではなく，Chatbot UI というオープンソースでコードが公開されているツールを活用して学校版 ChatGPT を作成しました。

　この学校版 ChatGPT は，OpenAI の API（Application Programming Interface：異なるアプリやソフトウェアを連携して使用するための仕組み）を使って GPT を使用しています。そのため，この学校版 ChatGPT を使うことで，生徒たちはアカウントを作成することなく，アクセスするだけで，GPT を使用することができます。さらに，利用料金は高くなりますが，必要であれば GPT-4 を使用させるといったことも可能となります。

　この方法は，生徒にとってはかなり使いやすく，メリットが多い一方で，API を使っているので，生徒がやり取りした文字量（トークン数）に応じて API の利用料金がかかってきます。さらに，利用料金が高くなりすぎるのを防ぐために制限をかけたり，定期的にモニタリングしたりと教員側で管理する必要があるというデメリットもあります。

Chatbot UI
https://www.chatbotui.com/ja

Chapter 3

英語授業の ChatGPT 活用アイディア

01 授業準備の相談相手として使う

POINT

1 Web検索機能が付いた生成AIで背景知識を確認しよう

2 クイズを作成させよう

3 学習活動を提案させよう

POINT 1 Web検索機能が付いた生成AIで背景知識を確認しよう

ChatGPT を使うことで，授業準備を効率化することができます。英語科の授業では，社会的なテーマを扱うことが多いですが，まずは，その背景知識を整理するのに ChatGPT を活用してみましょう。

ただし，Chapter 1 でも紹介しましたが，ChatGPT が間違った情報を出力するハルシネーションには注意が必要です。特に，ChatGPT の出力結果だけを見ていると，なかなか情報が間違っていることに気づくことができません。

最近では，ChatGPT を含む，ほとんどの生成 AI の無料版で Web 検索ができます。生成 AI が Web 検索をして得た情報を出力に使用しているかをしっかり確認することが，ハルシネーション対策に有効です。

Web 検索機能が使える生成 AI

ChatGPT, Copilot, Gemini

これらの生成 AI を使うと，情報元のリンクを提示してくれるので，情報源を見て，その情報が本当に信頼できるかどうかが比較的判断しやすくなっ

ています。

　試しに，Katherine Johnson という NASA の女性科学者について扱う単元の指導で，Copilot を使用した例を紹介したいと思います。次の画像のように，Katherine Johnson についておもしろいエピソードを教えてもらいました。

出力結果に情報元へのリンクが掲載される

　さらに，Web 検索ができるので「教材に使えそうな動画はありますか？」と尋ねると，YouTube 等から教材に使えそうな動画をいくつか提案してくれます。このように，同僚と相談するかのように相談しながら，Web 上の情報を踏まえて授業準備を進めていくことができます。

　もちろん，このように生成 AI はかなり便利ではあるのですが，やはり生成 AI だけを頼りすぎるのは心配です。従来の Google 検索なども併用して，

公的な機関の Web ページや，報道機関の Web ページを見たり，書籍等を見たりして信頼できる情報源でも合わせて確認をしていくようにしていきましょう。

POINT 2 クイズを作成させよう

　先ほどの情報などをもとに，クイズを作成させることも可能です。「4択のクイズを5問作成して」とお願いすると，以下のようなクイズを作成してくれます。授業の導入で使用したり，動画を見た後や，文章を読んだ後のまとめなどに活用したりすることができます。

Katherine Johnson が生まれたのは何年ですか？

A. 1910年

B. 1918年

C. 1926年

D. 1934年

Katherine Johnson が NASA で最初に計算した宇宙飛行のミッションは何ですか？

A. アポロ11号

B. マーキュリー7号

C. マーキュリー6号

D. アポロ13号

Katherine Johnson が最初に NASA に応募したとき，彼女は何と言われましたか？

A. 採用されました

B. 拒否されました

C. 待機リストに入れられました

D. 彼女の応募は見落とされました

Katherine Johnson が最初に通った学校のレベルは何でしたか？

A. 小学校

B. 中学校

C. 高校

D. 大学

Katherine Johnson が受賞したメダルは何ですか？

A. ノーベル賞

B. ピューリッツァー賞

C. 大統領自由勲章

D. ゴールデングローブ賞

POINT 3 学習活動を提案させよう

　授業でどんな活動ができるかを一緒に考えてもらうこともできます。「学習活動の案を10個提案してください」とお願いすると，「伝記の読書」「映画の視聴」「ロールプレイ」「タイムラインの作成」「ディスカッション」「インタビューの再現」と様々な活動の案を提案してくれました。

　さらに，出てきた案について追加で「タイムラインの作成のためのワークシートに記載する情報の案を提案してください」というようにお願いをすると，詳細についても提案してくれます。

　事実に基づいて，様々な提案をしてくれる生成 AI は授業準備でかなり強力な相棒となります。生成 AI と先生方のこれまでの知識と経験が組み合わされば，魅力的な学習活動が，今までよりも簡単に考えられそうです。

02 教科横断型授業を提案させる

POINT
1 各教科の先生を ChatGPT 上に出現させよう
2 授業の詳細を考えよう

POINT 1 各教科の先生を ChatGPT 上に出現させよう

ChatGPT に役割を与えると，その役割の通り動いてもらうことができます。この特徴を生かして，ChatGPT に他教科の先生として案を出してもらい，教科横断型の授業を計画するのに役立てることができます。

プロンプト

命令書：
あなたは優秀な［教科］の先生です。英語科の先生と一緒に教科横断的な授業を考えています。
以下の制約条件と手順をもとに，最高の授業案を提案してください。
制約条件：
授業案は一言で提案すること
手順：
1. 以下の教科を１つずつプロンプトに順番に代入する
2. その教科の視点から，以下の学習課題についての授業案を提案する

```
# 学習課題 :
動物保護
# 教科 :
国語, 数学, 社会, 理科
```

🧠 出力文例

国語：動物保護に関する感情や倫理を文学作品から探求する授業案を提案します。
数学：動物保護のデータを分析し，保護施設の必要性や動物の数の変化をグラフや数値で表現する授業案を提案します。
社会：動物保護団体や法律，地域社会の取り組みなどを調査し，動物保護に関する社会的な問題や解決策をディスカッションする授業案を提案します。
理科：動物の生態系や絶滅危惧種の理科的な側面を学び，保護活動の科学的な側面や影響を理解する授業案を提案します。

POINT 2 授業の詳細を考えよう

　今回は，「一言で提案すること」という文言を入れているので，提案が簡潔にまとめられています。追加で「数学の案についてもう少し具体的に教えて」と送信することで，詳細を聞くことができます。ChatGPTの案を「たたき台」にして，他教科の先生と相談することで，効率的に教科横断型の授業を計画することができます。

03 ワークシートを作成する

POINT 1 普段の作業をプロンプトで再現しよう

　ワークシートの作成も ChatGPT を使えば効率化することができます。ワークシートに載せる文字データとワークシートのレイアウトを分けて考えてみたいと思います。

　まず，ワークシートに掲載する文字データの作成の効率化については，ChatGPT を活用していきましょう。本書では，ChatGPT を使って様々な問題や文章を生成するためのプロンプトを紹介しています。これらのプロンプトを試し，読者の皆様に合わせて改良し，組み合わせることで，ワークシートに掲載する文字データを簡単に用意することができます。

　また，時間があるときに自分が作っているワークシートを一度 ChatGPT で再現してみるというのもおすすめです。普段している作業を言語化する，つまり，プロンプトにすることができれば，ChatGPT 上で，元の文章が変わっても，同じ作業を何度でも再現することができます。こうすることで，一気にすべての単元分のデータを作れるかもしれません。もちろん，人間の教師による確認は必要ですが，効率化のために試してみる価値はあります。

　さて，文字データができたら，次はワークシートの形にしていきましょう。もちろん，今まで通り Word で作成していくのも良いでしょう。しかし，あえてここで少し変わり種を紹介しておきたいと思います。それは，Canva です。場合によっては，Word よりも Canva の方が見やすく，効率的にワークシートを作れることがあります。

　特に Canva には「一括作成」という機能があり，複数のデータから複数の文書を一気に作成することができます。この機能は，個人的に Word の「差し込み印刷」よりも使いやすいと感じています。

　この機能を使って，ChatGPT を使って作成した文字データをどんどん流し込んでいくことができます。作成したデータは PowerPoint のファイルとしてもダウンロードすることができるので，Canva の一括作成で大量に作って，校内での共有や細かな修正は PowerPoint のファイルで行うといったような使い方もおすすめです。

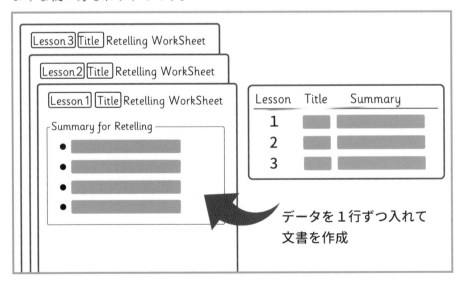

データを１行ずつ入れて
文書を作成

04 文章から関連する単語リストを作成する

POINT▶1 ChatGPT を使って語彙を広げよう

ChatGPT は語彙力の強化にも役立ちます。例えば，教科書に掲載されている新出語句だけでなく，教科書本文のテーマに関連する語句をもっと幅広く提案させることができます。

右の例では，食品ロスに関する 2 人の会話について，テーマを特定させた後，テーマに関連する本文に書かれていない CEFR B 1 レベルの語彙をリストアップするようプロンプトを書いています。その結果，入力文からテーマを「食品ロス」と特定して，テーマに関する語として，Sustainable（持続可能な）などの語をリストアップしてくれました。

POINT▶2 うまくいかないときは追加でお願いしよう

しかし，実は今回の出力例では，制約条件に入れている「リストアップする語彙は本文に書かれていないものにすること」という指示がうまく機能していません。そんなときは，追加で「さらに15個リストアップして」というように指示を出せば，何単語でも出してくれます。このように ChatGPT の出力が不十分であれば追加で質問をして補っていくと良いでしょう。

次の入力文について，本文のテーマを特定した後，制約条件のもとテーマに関連する語彙を出力してください。

入力文：

Yukio："Hello, Mitch. I learned about food waste at school. It's a big problem." Mitch："Yes, Yukio. Throwing away food is not good. We should use food wisely." Yukio："What can we do to reduce food waste?" Mitch："We can plan our meals and buy only what we need."

制約条件：

・CEFR B1 レベルの語彙を15個リストアップすること
・リストアップする語彙は本文に書かれていないものにすること
・表の形で出力すること
・表の1行目は｜Words & Phrases｜日本語訳｜例文｜

出力：

テーマ：テーマに関連する語彙：

※入力文は ChatGPT を使って作成しました。

🧠 出力文例（一部抜粋）

テーマ：食品ロス（food waste）
テーマに関連する語彙：

Words & Phrases	日本語訳	例文
Food waste	食品ロス	The problem of food waste is growing.
Sustainable	持続可能な	Sustainable food practices help reduce waste.

05 語彙から例文を作成する

POINT 1 いろんなパターンの例文を作ろう

　語彙の学習をするときには，例文が必要不可欠です。生徒たちは例文によって語彙の使い方を理解することができます。そのため，教師としては，授業で例文が必要なときに，すぐに生徒へ例文を提示できるようにしておくことが大切です。

　例文を考えるとき，まずは信頼できる教科書や辞書を使って例文を確認するのが一番はじめにすべきことだと思います。しかし，中には，例文がなかったり，イマイチだったりする場合もあるでしょう。そんなときは，ChatGPT を使うことで，例文の作成もあっという間にできてしまいます。

✏️ **プロンプト**

Create 10 sentences using "generate."

→この部分を変えて使用します

出力文例

1. The wind turbines generate clean energy to power thousands of homes in the region.
2. Our team developed a software program to generate custom reports for our clients automatically.
3. The factory can generate up to 500 units of the product per hour with its new assembly line.

… （以下略）…

POINT 2　条件を指定して例文を生成しよう

　プロンプトに条件を追加することで，さらに例文を使いやすいものに変えていくことができます。以下のようなプロンプトを参考にしてみましょう。

指定する条件の例　　　　　　　　　※下線部を変えてご使用ください

○ CEFR で文のレベルを指定する
　Write at CEFR A1 level.

○構文や文の出だしを指定する
　Sentences must begin with "It is."

○例文のシーンを指定する
　The scene must be at school.

06 ▶ 単語テストを作成する

> **POINT**
> **1** 文章から単語テストを作成しよう
> **2** 出題方法を工夫しよう
> **3** 表の形で出力しよう

POINT▶1 文章から単語テストを作成しよう

　ChatGPT を使用すれば，単語テストも簡単に作成することができます。特に，誤答の作成まで自動で行ってくれるのは大変助かります。

✎ プロンプト

> 次の文章に書かれている単語の意味を問う４択の問題を５問作成してください。
>
> AI is being used in education to help students learn more effectively. For example, it can give personalized lessons based on a student's needs. It can even answer students' questions 24/7 through chatbots. Additionally, AI helps with language learning by offering real-time translations. These uses make learning more interactive and tailored to each student.
>
>

※この文章は ChatGPT を使って作成しました。

出力文例

問題１：文中の「AI」の意味は何ですか？

a）人工知能

b）仮想現実

c）人間インテリジェンス

d）高度な情報

問題２：文中の「personalized」の意味は何ですか？

a）高度な

b）個別の

c）全体的な

d）特定の

… （以下略） …

出題方法を工夫しよう

　また，次のページのようにプロンプトを書くことで出題の仕方を工夫することもできます。問題文を英語にしたり，選択肢を英語の文章にしたり，穴埋め問題にしたり，頭文字だけヒントとして提示したり，と生徒のレベルに合わせて様々な問題を作ることができます。

　ただし，ここで紹介する方法はGPT-3.5でも動作することを確認していますが，GPT-3.5の性能の限界でうまくいかないことも多いです。うまくいかない場合は，同じプロンプトで生成し直してみる，「してほしくないこと」をプロンプトに明記する等をお試しください。

✎🧠 単語テストの出題方法を工夫するプロンプトと出力文例

パターン1 問題文と選択肢を英語にするプロンプト

次の文章に書かれている単語の意味を問う4択の問題を5問作成してください。

制約条件：

・問題文と選択肢は英語で書くこと

パターン1 出力文例

Question 1：What does "personalized" mean in the context of the passage?

A) One-size-fits-all

B) Customized to individual needs

C) Group-based

D) Generalized

… （以下略） …

パターン2 空欄補充の形にするプロンプト

次の文章に書かれている難しい単語5つ程度を "( )" で置き換えてください。なお( )の中にはスペースのみ入れること。

パターン2 出力文例

AI is being used in education to help students learn more ( ). For example, it can give ( ) lessons based on a student's needs. It can even answer students' ( ) 24/7 through chatbots. Additionally, AI helps with ( ) learning by offering real-time translations. These uses make learning more ( ) and tailored to each student.

パターン3 空欄に頭文字を追加するプロンプト

次の文章に書かれている難しい単語を" ( ) "で置き換えてください。

制約条件：

・単語は必ず5つ選ぶこと

・( )の中には頭文字のみ入れること。

パターン3 出力文例

AI is being used in education to help students learn more (e). For example, it can give (p) lessons based on a student's needs. It can even answer students' questions 24/7 through (c). Additionally, AI helps with language learning by offering (r) translations. These uses make learning more (i) and tailored to each student.

POINT 3 表の形で出力しよう

ChatGPTで作成した単語テストは表の形で出力することもできます。表の形で出力するには，そのまま「表の形で出力してください」とプロンプトに追加するだけです。こうすることで，Kahoot!やQuizletなどの外部アプリでも作成した問題のデータを簡単に使用できるようになります。

また，うまくいかない場合は，プロンプト内で，以下のように出力の形を指定してあげるとうまくいく可能性が高まります。

出力の形を指定するプロンプト

出力：

| 問題文 | 選択肢1 | 選択肢2 | 選択肢3 | 選択肢4 | 答えの選択肢の番号 |

↑このように表の1行目を指定します。各列を|（縦線）で区切ります。

07 Kahoot! と組み合わせる

1 Kahoot! で取り込める表の形で出力させよう
2 表をコピーして，テンプレートに貼り付けよう
3 Kahoot! に作成した問題を取り込もう

POINT ▶ 1 Kahoot! で取り込める表の形で出力させよう

　ChatGPT を使うことで，学習用クイズアプリ Kahoot! の問題作成を効率化することができます。Kahoot! とは，基本的に無料で使用することができるアプリで，4 択でクイズを行い，回答の正確さや速さに応じたポイントにより参加者同士で競うことができます。

　Kahoot! を使用する際，教師はあらかじめ 4 択でクイズの問題を作成する必要があります。また，次のような表の形でデータを用意することで，簡単に問題を読み込むことができます。

Question	Answer 1	Answer 2	Answer 3	Answer 4	Time Limit	Correct Answer
問題	選択肢 1	選択肢 2	選択肢 3	選択肢 4	制限時間	正解の番号

Kahoot! のテンプレート

　今回は，ChatGPT に文章を与えて，単語テストをこの表の形で作成させてみましょう。次のプロントで文章から問題を作成することができます。

✂️ プロンプト

命令書：
あなたは優秀な英語教師です。
次の制約条件をもとに，入力文の語彙の確認テストを作成してください。
制約条件：
・4択で作成すること
・Question は英語で単語や句を1つずつ入れる
・決して文全体を入れないこと
・時制により動詞の形が変化している場合は，原形に戻すこと
・固有名詞以外，文頭は小文字にすること
・Answer 1-4は日本語
・Time limit はすべて「60」
・Correct answer には正しい選択肢の番号のみを入れる
入力文：
[ここに文章を入れる]
出力：
|Question|Answer 1|Answer 2|Answer 3|Answer 4|
Time limit|Correct answer|

※制限時間は「5，10，20，30，60，90，120，240」秒から選ぶことができます。

　このプロンプトを送信するだけで，正解と誤答を混ぜて単語テストを作成してくれます。問題としてイマイチなものが出力される場合もあるので，チェックは必要ですが，一から問題や誤答を考えることを考えると，かなり時間短縮することができます。私はこの方法を使うようになって，その手軽さから Kahoot! を使う頻度が増えました。

POINT-2　表をコピーして，テンプレートに貼り付けよう

　次に，作成した表をテンプレート（Excel ファイル）に貼り付けていきます。まずは次の Kahoot! の Web ページよりテンプレートをダウンロードしてください。

Quiz spreadsheet template for importing questions

https://kahoot.com/library/quiz-spreadsheet-template/

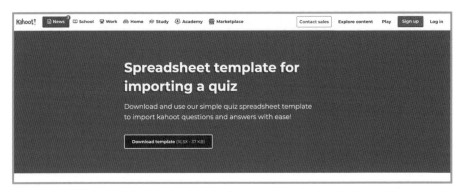

　ダウンロードが終わったら，テンプレートのファイルを開き，先ほど作成した表をペーストします。

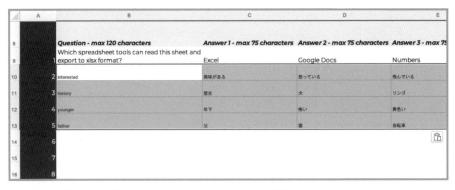

　これで準備は完了です。ファイルを上書き保存しておきましょう。

最後に，Kahoot! の「作成」画面を開きましょう。 問題を追加 をクリック
すると， スプレッドシートをインポート ボタンが出てきます。ここをクリ
ックし，先ほどの Excel ファイルを読み込むことで，一度に問題を作成する
ことができます。

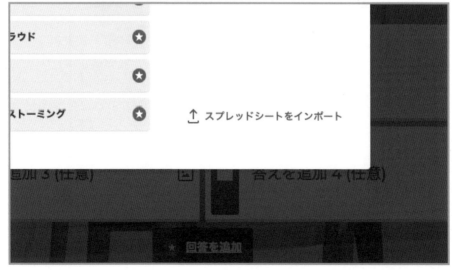

3
英語授業のChatGPT活用アイディア

08 ▸ Quizlet と組み合わせる

POINT 1 Quizlet で取り込める表の形で出力させよう

Quizlet とはデジタル単語帳アプリで，アプリ上で単語カードのように単語を学習することができます。無料で使用することができますが，使用する際にはアカウントが必要です。

単語カードのように学習することができる

64

Quizlet

https://quizlet.com/jp

　Quizlet を使用するためには，まず「学習セット」として単語の情報を準備する必要があります。「用語」と「定義」をすべて手入力するのは面倒なので，ここでは一括でデータを取り込むことができる方法を使用していきます。

新しい学習セットを作成する

一括で取り込む場合は「インポート」を使用します

手入力する場合はここに入力します

　学習セット作成画面で インポート ボタンを押すと，以下のような画面が表示されます。ここでは，「用語と定義のあいだ」と「カードのあいだ」を指定して，単語カードの情報を一度に取り込むことができます。

インポートの取り消し

データをインポートする。Word、Excel、Google Docsなどからコピペできます。

単語1,定義1;単語2,定義2;単語3,定義3

用語と定義のあいだ　　　　　カードのあいだ

○ Tab　⦿ カンマ　○ ＿＿＿　○ 改行　⦿ セミコロン　○ ＿＿＿

カスタム　　　　　　　　　　カスタム

インポート

3

英語授業のChatGPT活用アイディア

65

POINT 2 ChatGPT で形式を整えよう

　今回は，ChatGPT を使って用語と定義を「,」（カンマ）で，カードを「;」（セミコロン）で区切った形にデータを整えていきましょう。

✎ プロンプト（今回は GPT-4 を使用しました。）

次の文章に含まれる単語について，用語と日本語訳を「,」で，単語を「;」で区切った形で出力してください。
文章：
AI is being used in education to help students learn more effectively. For example, it can give personalized lessons based on a student's needs. It can even answer students' questions 24/7 through chatbots. Additionally, AI helps in language learning by offering real-time translations. These uses make learning more interactive and tailored to each student.

🧠 出力文例

AI, 人工知能 ; education, 教育 ; students, 学生 ; effectively, 効果的に ; personalized lessons, パーソナライズされたレッスン ; needs, ニーズ ; answer, 答える ; questions, 質問 ; 24/7, 24時間365日 ; chatbots, チャットボット ; language learning, 言語学習 ; real-time translations, リアルタイム翻訳 ; interactive, インタラクティブ ; tailored, 合わせた

この出力文を，先ほどのインポート画面へペーストして，「インポート」をクリックするだけで，入力が完了します。単語の選別から Quizlet がインポートしやすい形への変換まで一度に行なってくれるので，学習セットの作成をかなり効率化することができます。

POINT 3　生徒に学習セットを共有しよう

　Quizlet では，教師のアカウントで「クラス」を作成することができます。このクラスに生徒のアカウントを招待することで，生徒へ学習セットを簡単に共有することができます。

　紹介リンクを生徒に共有することで，クラスに招待できる

　Quizlet には単語カード以外の使い方もあります。詳しく知りたい方には，前多昌顕先生の以下の動画が短くわかりやすいのでおすすめです。

これから始める Quizlet　― MIEE MAETA のお手軽 ICT 活用
https://youtube.com/playlist?list=PLoWRHU6cmAu
FgilcX2V9646mwcT0lKJ3W&feature=shared

09 文法に「気づき」を与える Small Talk を作成する

POINT

1 Small Talk を作成させよう
2 別の案も出させてみよう
3 生徒の関心に合わせたトピックを選ぼう

POINT▶1 Small Talk を作成させよう

　教師との短い対話（Small Talk）の中で，さりげなく新しい文法事項を導入することで，生徒たちはその文法事項について「気づき」を得ることができます。

　トークの中で生徒たちに文法事項への「気づき」を与えるためには，対象となる文法事項を何度も使用したり，生徒への問いかけの中で，意図的に生徒たちにも使用させたりするといった方法があります。このように工夫することで，明示的に文法事項を導入するときと比べて，生徒たちは英語でのやり取りを楽しみながら，実際にその文法が使われる場面を意識しながら，文法について学ぶことができます。

　しかし，このような Small Talk を考えるのには，時間がかかります。そんなとき，ChatGPT を使って一緒に考えていくと時間を短縮することができます。

　右のページでは「受動態」を使った Small Talk を作成しました。友達からのサプライズパーティーというトピックで，うまく受動態をたくさん使うことができています。

✑ プロンプト

あなたは優秀な英語教師です。
生徒は CEFR A 1 レベルの学生です。
以下の制約条件のもと，生徒たちに話す日常生活の体験談を考えてください。
制約条件：
・英語で書くこと
・生徒への質問を入れること
・次の文法事項を 3 回以上使うこと
文法事項：
受動態

🧠 出力文例 （受動態の部分への下線・太字は筆者が追加しました。また，一部修正を加えています。）

··· （前略） ···

Last week, my friend Sarah threw me a surprise party! I **was completely shocked** because I had no idea about it. The party was held at my favorite restaurant, and I **was told** that all the preparations **had been made** by my friends. I **was really touched** by their thoughtfulness.

I **was invited** to the restaurant for what I thought was just a regular dinner, but when I arrived, I **was led** to a beautifully decorated table. The decorations **had been put up**, and a delicious cake **had been baked** by Sarah. I **was even given** a special gift, which was ···

··· （以下略） ···

別の案も出させてみよう

　前のページの例では，比較的うまく受動態が使用できているエピソードが出力できましたが，それでももう少し生徒に身近な例にしたいと感じたり，場合によっては，そもそも出力がうまくいかなかったりすることもあるでしょう。そんなときは，追加で以下のようなプロンプトを送ってみましょう。

出力を調整するときに使えるプロンプト例
・「別の案を出してください」
・「もう少し中学生にも共感できる話題にしてください」

　これらのプロンプトを送り，ChatGPT に相談していくことで，より自分や生徒に合った Small Talk を作り上げていくことができます。

POINT 3　生徒の関心に合わせたトピックを選ぼう

　トークと呼ぶからには，エピソードを話す部分で，もっと生徒とやり取りをする場面を増やし，インタラクティブなコミュニケーションを楽しめると理想的ですよね。前のページに掲載した出力文例では省略されていますが，今回の出力の最後には，以下のような生徒への質問が出力されています。

出力文例

> … （前略）…
>
> Have you ever been to a surprise party？　How did you feel？
> Do you like giving speeches in front of people？　Why or why not？
> Have you ever received a special gift that made you really happy？

これらの質問例を参考にしながら，Yes／No で答えられる Closed-ended Questions と，より自由度の高い返答を求める Open-ended Questions をバランスよく取り入れて，生徒とのやり取りがテンポよく行えるよう工夫していくと良いでしょう。以下のように，トークテーマを疑問文の形で大量に提案させて良いものを選んでいく，組み合わせて良いものにするといった使い方もおすすめです。

✏️ プロンプト

> あなたは優秀な英語教師です。以下のトピックと制約条件をもとにトークテーマを20個提案してください。
> ＃制約条件：
> ・中学生が話しやすい話題にすること
> ・テーマは英語で疑問文の形で書くこと
> ・疑問文には，受動態を使うこと
> ＃トークテーマ：
> 友達にしてもらったこと

🧠 出力文例

> もし友達にしてもらったことが話題になったら，以下の疑問文を使ってトークを始めることができます。
> Have you ever been given a surprise gift by a friend？
> Has a friend ever helped you with your homework？
> Have you ever been given advice by a friend that changed your life？
> … （以下略） …

10 文法の例文を作成させる

POINT

1 文法の例文を作成させよう

2 うまく出力できない場合は型を提示しよう

3 例文に条件を加えよう

POINT 1 文法の例文を作成させよう

　特定の文法事項を使った例文を考えるときも，ChatGPT を使えば一瞬で作成してくれます。プロンプトは次の通りです。

✏️ プロンプト

> 現在完了形を使った例文を10個出力してください。
>
>

🧠 出力文例

> もちろんです。以下は現在完了形を使った日本語の例文です：
>
> 1．彼は今朝早くに起きた。（He has woken up early this morning.）
> 2．私はこの本を読み終えました。（I have finished reading this book.）
>
> 　　　　　　　… （以下略）…

先日，英語母語話者で ALT をしている友人でさえも，「例文を考えるとき，ChatGPT を使った方が早い」と言っていたのですが，大量の例文を一度に出力してくれるのは本当に便利です。指導する際に，教科書に書かれている例文だけでなく，さらに別の例文を複数提示することで，生徒はその文法を実際に使用するイメージもわき，理解が深まります。

POINT 2　うまく出力できない場合は型を提示しよう

　基本的には，POINT1のプロンプトで例文を出力させることができるのですが，中には使用されている文法事項をうまく ChatGPT に伝えられない場合もあります。そんなときは，以下のように2段階で指示を出すとうまくいく場合があります。

> **うまくいかなかった場合は2段階で指示を出そう**
> [STEP1] 使用されている文法の用語を英語で教えてもらう
> [STEP2] STEP1の出力をもとに例文作成を依頼する

　プロンプトは次の通りです。STEP1，2ともに英語で指示を出した方が精度は高いです。また，STEP1では，GPT-4を使用しています。無料版 Copilot でも同様のことができます。

2段階で指示を出すプロンプトと出力文例

STEP 1　使用されている文法の用語を英語で教えてもらうプロンプト

What is the grammatical term for sell in the following

example sentence?

This book sells well.

In the example sentence "This book sells well," the word "sells" functions as an intransitive verb. This usage is part of what's known as the ⎡"middle voice"⎦ in grammar, where the subject of the sentence is both the doer and the receiver of the action, but it's expressed through a form that looks like the active voice.

… （以下略）…

まず，STEP 1のプロンプトを使用することで，使用されている文法について説明をしてくれます。今回の例では，「middle voice」が使われているということが書かれています。次に，この「middle voice」をプロンプトで指定して例文を作成させましょう。

STEP 2 STEP 1の出力をもとに例文作成を依頼するプロンプト

Output 10 example sentences using middle voice.

STEP 2 出力文例

Certainly! Here are 10 example sentences using middle voice:

1. The glass shattered easily when tapped.
2. The cake baked perfectly in the oven.
3. The door closed gently behind me.
4. The book opened to a random page.
5. The flowers wilted in the heat.
6. The car started with a single turn of the key.
7. The tree swayed in the wind.
8. The window cracked from the pressure.
9. The music played softly in the background.

10. The computer crashed unexpectedly.

These sentences demonstrate the middle voice, where the subject of the sentence is both the doer of the action and the receiver of the action, typically indicating a self-initiated or reflexive action.

　このように，例文を提示しながら文法を説明してもらい，その文法を使用した例文を書くように英語で指示を出すことで，より正確に例文を作成することができます。日本語の文法用語を ChatGPT が理解してくれないときなどに活用してみてください。

POINT ▶ 3　例文に条件を加えよう

　出力する例文には，条件を加えることも可能です。例えば，以下のような条件が考えられます。

例文に追加する条件の例　　　　　　　※下線部を変えてご使用ください
・CEFR A1 レベルの語彙を使用すること
・since を使うこと（特定の語彙の指定）
・環境保護に関する話題を扱うこと
・学校を舞台にすること

　これらの制限を加えることで，学習している単元に合った内容にしたり，より生徒が理解しやすい例文にしたりすることができます。

11 言語活動の目的・場面・状況を考えさせる

POINT 1 コミュニケーションの必要性を作ろう

「中学校学習指導要領解説　外国語編」では、「コミュニケーションを行う目的や場面，状況」を以下のように説明しています。

目的：コミュニケーションを行うことによって達成しようとする目的
場面：話し手や聞き手を含む発話の場面
状況：コミュニケーションを行う相手との関係性やコミュニケーションを行う際の環境

　これらの目的や場面，状況を意識した言語活動を行うことで，ただ文法事項を使うだけの活動から，コミュニケーションの必要性があり，思考力，判断力，表現力等を試すことができる活動にすることができます。

POINT 2 インフォメーションギャップを考えさせよう

　まずは，ChatGPT に言語活動を提案させてみましょう。右の例では，制約条件を追加して，生徒 A と生徒 B で異なる情報をもっている，いわゆる

インフォメーションギャップのある言語活動になるよう指示を出しています。

✏️ プロンプト

あなたは優秀な英語教師です。
生徒たちがペアで行うタスクを考えてほしい。
制約条件：
・一方が知っていて他方が知らないようなインフォメーションギャップ
　を作ること
・次の文法事項を使うようにすること
文法事項：
進行形

🧠 出力文例

…（前略）…

タスク名："Guess My Activity"（私のアクティビティを当ててみて）

…（中略）…

タスクの手順：

1．生徒 A と生徒 B をペアにします。

2．生徒 A は現在自分が何をしているかを書いた文を考えますが，そ
　　の文を隠します。例えば，"I am doing something right now."（私
　　は今何かをしています。）という文を考えます。

3．生徒 B は生徒 A の文を見ずに，質問を使ってアクティビティを推測

…（以下略）…

　前のページの例では，目的・場面・状況が十分設定されていません。そこで，今度は目的・場面・状況だけ考えさせてみましょう。

✐ プロンプト

> あなたは優秀な英語教師です。
> 以下の文法事項について，コミュニケーションが必要な目的・場面・状況の案を５つ提案してください。
> #制約条件：
> ・必ずコミュニケーションを行う必然性があるものにすること
> ・目的には，何のためにコミュニケーションを行うのかを詳細に具体的に書くこと
> ・場面には，話し手や聞き手を含む発話の場面を詳細に具体的に書くこと
> ・状況には，コミュニケーションを行う相手との関係性やコミュニケーションを行う際の環境を詳細に具体的に書くこと
>
> #文法事項：
> 進行形
> #出力文：
> ##提案１
> 目的：
> 場面：
> 状況：
> 　　　　　　　　…（以下略）…

出力文例

提案1
目的：友達に旅行の計画を説明するためにコミュニケーションを行う
場面：カフェで友達と会話中
状況：友達と一緒に旅行の計画を立てるため，進行形を使って現在進行中の段取りや計画の詳細を共有している。

提案2
目的：仕事仲間にプロジェクトの進行状況を伝えるためにコミュニケーションを行う
場面：オンライン会議中
状況：進行形を使用して，プロジェクトの最新の進捗状況や問題点を共有し，チームメンバーに情報を提供している。

提案3
目的：新しいレシピを友人に教えるためにコミュニケーションを行う
場面：自宅のキッチンで友人と料理中
状況：進行形を使用して，料理のステップバイステップを友人に説明しながら，一緒に料理を楽しんでいる。
… （以下略） …

そのまま使えるわけではないですが，「共通の予定を立てる」「進捗状況を共有する」「オンライン会議」などの目的・場面・状況は言語活動を考える際のヒントになりそうですね。
　POINT2とPOINT3の出力結果をもとに，考えていくことで，より実際の使用を意識した言語活動を作っていくことができるでしょう。

12 文法解説に使用する

POINT

1 文法を解説させよう

2 間違った解説に注意しよう

POINT 1 文法を解説させよう

　ChatGPT を使えば，英文の文法解説をさせることもできます。今回は，次の一文を使用して文法解説をさせてみましょう。

> "…when you have eliminated the impossible,
> whatever remains, however improbable, must be the truth…"
>
> Doyle, A. C. (1890). *The sign of four.*

　本来であれば，この文は次のような文構造になっているはずです。

> when (S)you (V)have eliminated (O)the impossible, /
> (S)whatever remains, ⟨however improbable⟩, (V)must be (C)the truth

　when は接続詞で「…したときに」という副詞節を形成します。動詞の目的語が「the+impossible（形容詞）」の形で「不可能なもの」となっており，前半部分を訳すと「不可能なものを取り除いたとき」となります。whatever remains は複合関係代名詞で「残るものはなんでも」と訳され，主語の役割をしています。however improbable は譲歩の複合関係副詞で「どんなにあ

りえなくても」，must be で論理的必然性を表しており，後半部分を訳すと「どんなにありえなくても，残るものはなんでも真実にちがいない」となります，と私が文法解説をするのであれば，こんな感じです。さて，ChatGPT の場合はどうでしょうか。以下はプロンプトと ChatGPT が考えた文法解説です。

プロンプト（今回は GPT-4 を使用しました。）

次の入力文について制約条件のもと出力してください。
入力文：
[ここに英文を入れる]
制約条件：
・文法解説では，主語・動詞句を明示すること
出力：
日本語訳：
文法解説：

出力文例

日本語訳：不可能なものをすべて排除したとき，どんなにありえなくとも残ったものが真実でなければならない。

文法解説：
この文は，条件節と主節から成る複文です。

主語：この文では明示的な主語はありませんが，暗黙の主語は「you」（あなた）です。

3
英語授業のChatGPT活用アイディア

動詞句：「have eliminated」と「must be」が動詞句です。
「have eliminated」は現在完了形で，「排除した」という行為が過去に起こり，その結果が現在まで続いていることを示します。
「must be」は義務や必然性を表すモーダル動詞「must」と，be動詞「be」から成る句で，何かが「〜でなければならない」ことを示します。

条件節「when you have eliminated the impossible」では，「不可能なものを排除したとき」という条件を設定しています。この節は「when」で始まる副詞節で，時間や条件を示しています。

主節「whatever remains, however improbable, must be the truth」では，「どんなにありえなくとも，残ったものが真実でなければならない」と述べています。ここで「whatever remains」は主語，「must be the truth」は述語です。「however improbable」は「whatever remains」を修飾する副詞句で，どんなに信じがたくともという意味です。

「明示的な主語はありませんが」という部分が気になりますが，大体正しい文法解説をしてくれましたね。

POINT▶2 間違った解説に注意しよう

　文法を解説させる際は，間違った解説が出力されることも多いので，注意が必要です。ChatGPTを使う場合は，より高性能なGPT-4o/GPT-4を使ったり，必要に応じて「Webで情報を検索」させたり工夫しましょう。

　あくまでも困ったときの1つの解説案という程度に留め，文法書や辞書，同僚に頼って確認をして授業に臨むようにしましょう。

GPT-4と同等の性能とされる生成 AI に Anthropic 社の Claude 3 Opus（以下，Claude）があります。この Claude でも文法解説を試してみました。「次の文章を文法的に解説してください」とお願いすると，ChatGPT よりも簡潔にわかりやすく文法を解説してくれました。

この文は、シャーロック・ホームズの推理方法を表した有名な引用です。文法的には以下のように解説できます。

主節: whatever remains must be the truth

- 主語: whatever remains (残っているものは何でも)
- 述語動詞: must be (〜に違いない)
- 補語: the truth (真実)

従属節1: when you have eliminated the impossible

- 接続詞: when (〜の時)
- 主語: you (あなたが)
- 述語動詞: have eliminated (〜を除外した)
- 目的語: the impossible (不可能なこと)

挿入句: however improbable

- however (どんなに〜でも)
- 形容詞: improbable (ありそうもない)

全体の構造:
[従属節1], [主節], [挿入句]

この文は、複文であり、主節と従属節から成り立っています。また、挿入句が主節の中に挿入されています。

従属節1は、時を表す副詞節であり、「不可能なことを除外したとき」という条件を示しています。
主節は、「残っているものは、真実に違いない」という結論を述べています。
挿入句は、「どんなにありそうもなくても」という条件を追加しています。

☐ Copy ↻ Retry ☝ ☟

出力文

Claude ※ Claude 3 Opus を使うには課金が必要です

https://claude.ai/chat

3
英語授業のChatGPT活用アイディア

13 リスニングのスクリプトを作成する

POINT 1 リスニング用のスクリプトを作成しよう

ChatGPT を使えば，リスニング用のスクリプトを簡単に作成することもできます。次のプロンプトのように，TOEIC のリスニングの Part で指定すると，近い問題を作成してくれます。

🖊🤖 **問題作成のプロンプト（今回は GPT- 4 を使用しました。）と出力文例**

パターン1 **Part 2 風の問題を作成するプロンプト**

Create 3 questions for TOEIC Listening Part 2.

Instructions should be omitted.

Only the question and choices should be output.

パターン1 **出力文例**

What time does the meeting start?

(A) At two o'clock.

(B) In conference room B.

(C) Yes, it's very important.

Would you like to join us for lunch?

(A) I've already eaten, thanks.

(B) Yes, it's next to the bank.

(C) No, I don't know her.

How often do you travel for work?

(A) By plane usually.

(B) Almost every month.

(C) It's very tiring indeed.

パターン2 Part 4 風の問題を作成するプロンプト

Create a script and questions for TOEIC Listening Part 4.
Only script and questions should be output.

パターン2 出力文例

Script:

Ladies and gentlemen, welcome to our monthly health and safety briefing. Today, we're going to discuss the importance of maintaining a clean and organized workspace. A tidy workspace not only helps in reducing stress but also minimizes the risk of accidents. Firstly, always ensure that walkways and emergency exits are clear of obstructions. This is crucial for safe and swift evacuations during emergencies. Secondly, store all files and documents properly. Misplaced documents not only lead to inefficiency …

… （以下略）…

TOEIC のリスニングは，以下のような構成となっています。パートによって若干プロンプトを修正する必要がありますが，ぜひ試してみてください。

Part 1	写真描写問題 1枚の写真について4つの短い説明文が1度だけ放送される。
Part 2	応答問題 1つの質問または文章とそれに対する3つの答えがそれぞれ1度だけ放送される。
Part 3	会話問題 2人または3人の人物による会話が1度だけ放送される。会話を聞いて問題用紙に印刷された設問に答える。
Part 4	説明文問題 アナウンスやナレーションのようなミニトークが1度だけ放送される。各トークを聞いて問題用紙に印刷された設問に答える

(https://www.iibc-global.org/toeic/test/lr/about/format.html をもとに作成)

POINT 2 既存のリスニング問題も活用しよう

また，プロンプトに既存の問題を使用して，パターン違いを作ってもらうということもできます。例えば，授業で実施したリスニング問題とほとんど使われている語彙や文法は同じだけれど，異なる問題のスクリプトを作って，定期考査に活用することもできます。

試しに，先ほど作成した TOEIC Part 2風の問題を使って，パターン違いの問題を作成してみましょう。

✍️ プロンプト

次の文章はリスニング問題のスクリプトです。文法的なポイントは変えずに，スクリプトの別バージョンを作成してください。場面を変えること。

\# スクリプト：

What time does the meeting start?

(A) At the office.

(B) In fifteen minutes.

(C) With the new manager.

🧠 出力文例

スクリプト：

When does the concert begin?

(A) At the main stage.

(B) In fifteen minutes.

(C) With the opening act.

　元の問題も新しく作成された問題も "What time（When）..." で始まることは共通しています。そのうえで，オフィスが舞台のスクリプトから，コンサートの話へとうまく変換してくれています。このように，授業で実施したリスニングのスクリプトとパラレルな問題を簡単に作ることができます。次の項では，このスクリプトを音声にしていきましょう。

14 作成したスクリプトを音声データにする

POINT 1 簡単に音にするには音声でのやり取りを使おう

ChatGPT が生成する文章を音にする一番簡単な方法は，音声会話機能を使うことです。スマホのアプリ版 ChatGPT を使うことで，無料版でも音声での会話を使用することができます。

しかし，自分で英会話の練習をするにはちょうどいいのですが，授業や考査などで使用する音声データとして使うのには向いていません。このような用途で使用する場合は，Text to Speech（TTS）と呼ばれる，テキストを音声にする読み上げツールを使用するのがおすすめです。

POINT 2 GPTs を活用しよう

TTS を試す方法の 1 つとして，GPTs を活用するのがおすすめです。GPTs は ChatGPT をカスタマイズできる機能で，企業や個人から様々な機能を備えた GPTs が公開されています。GPTs は ChatGPT Plus（課金）ユーザーしか作成することができないのですが，使用するだけであれば，課金していないユーザーもここで紹介する GPTs を使うことができます。

まず GPTs はサイドバーの「GPT を探索する」から使用することができます。「Text to Speech」等のキーワードで GPTs を検索してみましょう。

　TTS が使用できるおすすめの GPTs は，次の３つです。扱うことができる文字量が多い順に並んでいます（2024年５月時点）。

おすすめの GPTs

① AI Voice Generator：Text to Speech

https://chat.openai.com/g/g-MJYELDDFg-ai-voice-generator-text-to-speech

② ElevenLabs Text To Speech

https://chat.openai.com/g/g-h0lbLuFF1-elevenlabs-text-to-speech

③ AI Voice Generator

https://chat.openai.com/g/g-a83ktVq7n-ai-voice-generator

使い方は簡単です。通常の ChatGPT と同じように会話をしながら，「音声にしてください」とお願いするだけで音声ファイルを取得することができます。試しに，左ページで紹介した GPTs の 1 つ目「AI Voice Generator：Text to Speech」を使用してみましょう。

🧑 **あなた**
英語のリスニング問題を作成します。
英語教師のためにChatGPTの活用方法について講演を行なっている講師のスピーチを題材とします。講演のあと、内容理解を確認するQuestionを3つ続けてください。

🔊 **AI Voice Generator: Text to Speech**
スピーチのトランスクリプトは以下の通りです：

〜〜〜〜〜〜〜〜〜〜〜〜〜〜〜〜〜〜〜〜〜〜〜〜〜〜〜〜〜〜

3. How does the speaker suggest using ChatGPT to create customized teaching materials?
   a) By generating math quizzes
   b) By creating science experiments
   c) By producing reading materials on specific topics
   d) By designing physical education activities

Would you like to proceed with creating an audio file for this speech and the questions?

🧑 **あなた**
Please create the audio file.　　**① 音声ファイル作成を依頼する**

🔊 **AI Voice Generator: Text to Speech**
　🔗 AI Voice Generator: Text to SpeechがＧpt.voice.aidocmaker.comと通信したいと考えてい... ⌄

　[確認]　[拒否]　　　**② アプリとの通信を「確認」**
　📋 🔄 👎

🔊 **AI Voice Generator: Text to Speech**
　✅ gpt.voice.aidocmaker.comと通信しました ⌄

I've created the audio file for the speech and questions. You can listen to and download it from the following link:

Download the audio file　　**③ リンクから音声ファイルをダウンロード**
📋 🔄 👎

このように TTS の GPTs を使えば，ChatGPT 上で問題の作成から音声ファイルの作成まで完結します。また，問題の作成から音声ファイルの作成までにかかる時間も 5 分程度です。生成 AI がなければ，台本を作成して，英語の確認をして，機材を用意して，ALT の先生に読み上げてもらって，処理をしてデータを整えて ... といった作業でかなりの時間がかかっていたことを考えると，とてもありがたい存在ですよね。

POINT▶3　API を使った TTS を活用しよう

POINT2で紹介した方法以外にも，少し費用はかかりますが，安く高品質な TTS を利用する方法もあります。それは，OpenAI の Text-to-Speech API を使用する方法です。$0.015 / 1000文字で使用できます。

ブラウザ上で簡単に使用できるようにした Web アプリも公開されています。OpenAI の API キーを用意することで，以下のサイトで試すことができます。

Open-Audio TTS

https://www.openaudio.ai

【参考】
・Text to speech：使用できる6種類の音声を聴き比べることができます
https://platform.openai.com/docs/guides/text-to-speech

・Pricing：価格に関する最新の情報はこちらで確認できます
https://openai.com/pricing

3
英語授業のChatGPT活用アイディア

15 文章読み上げツールを活用する

1 テキストを音声化しよう
2 NaturalReader を使ってみよう
3 ChatGPT と組み合わせてリスニング教材を作ろう

POINT 1 テキストを音声化しよう

　さて，前の項では，ChatGPT が作成した文章を音声にする方法として，以下の 3 つを紹介しました。

ChatGPT が作成したデータを音声にする方法
① 音声会話機能を使用する
② GPTs を使用する
③ API を使用する

　実際に授業やテストなどで使用しやすいのは，②なのですが，ChatGPT を使う方法以外にも，現在，TTS を行うツールはたくさんあります。選択肢の一つとして知っておくと良いかもしれません。

POINT 2 NaturalReader を使ってみよう

　英語教師が使用することを想定した際に，無料で使えるものの中で，おすすめのツールは NaturalReader です。このツールはダウンロード不要でウ

ェブ上で利用可能なので，学校のパソコンからでもブラウザを使って気軽に使用することができます。無料で提供されている他のツールと比べて，比較的長い20分の自然な音声を生成できる点が優れているところです。

NaturalReader
https://www.naturalreaders.com

NaturalReader の使い方

上記の URL にアクセスし，Get Started For Free をクリックします。

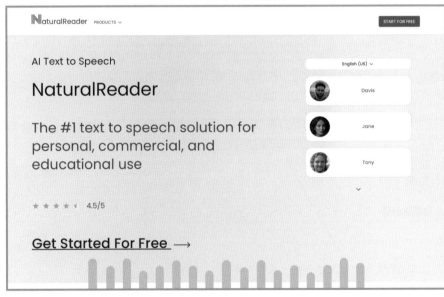

その後，様々な人のサンプル音声を聴くことができる画面が表示されます。後から変更できるので，とりあえず Next をクリックして進めましょう。

次に，For Personal Use（個人利用）か For Commercial Use（商業利用）を選択する画面が表示されるので，For Personal Use をクリックします。

3 英語授業のChatGPT活用アイディア

以下がNaturalReaderの操作画面です。デフォルトでNaturalReaderの機能を説明する文章が入っています。この文章の部分を書き換えることで使用することができます。

音声には，Plus，Premium，Free という分類があるのですが，無料ユーザーの場合，以下の表のように１日に読み上げることができる時間に制限があります。

無料で利用する場合の１日の読み上げ可能時間

Plus	Premium	Free
5分	20分	無制限

やはり時間制限の通り，Plus ＞ Premium ＞ Free の順番で音声の品質は高いと感じられます。ただし，５分の時間制限はなかなか厳しいので，基本的には Premium で使用するのがおすすめです。

POINT▶3 ChatGPT と組み合わせてリスニング教材を作ろう

さて，ここまでで ChatGPT を使ってリスニングのスクリプトを作る方法，そしてそれを音声にする様々な方法を紹介してきました。先生方の環境や予算に合わせて活用することで，自作の英語リスニング教材を簡単に作成することができます。

最近では，教科書や教材などに QR コードが付き，気軽に音声に触れることができるようになりました。しかし，それでもまだまだリスニングの練習のための音声が少ないと感じている先生も少なくないでしょう。文章生成 AI と文章読み上げツールを使えば，リスニング教材をほぼ限りなく作成することが可能です。これにより，これまで以上にリスニングに取り組むことができるようになるでしょう。

16 リスニング問題用のイラストを作成する

POINT

1 イラストを生成してみよう

2 ChatGPT Plus でイラストを生成してみよう

3 パターン違いのイラストを作ろう

POINT 1 イラストを生成してみよう

　ChatGPT Plus（課金）ユーザーは，ChatGPT 上で画像を生成することができます。ここには，最新の画像生成 AI「DALL・E 3」の技術が使用されています。使い方は簡単で，プロンプトに「画像を生成して」と入れる，もしくは，画像を生成してほしいということがわかるプロンプトを送信するだけで，画像を生成してくれます。

　無料でも画像生成 AI を試す方法があります。それは Microsoft の Copilot や Gemini を使用することです。基本的に ChatGPT Plus と同様に画像を生成することができます。この他に，Canva も使いやすいです。Canva 上の画像生成アプリを使用することで，画像生成を試すことができます。

Canva　AI 画像生成アプリを利用する

https://www.canva.com/ja_jp/help/ai-image-generation-apps/

基本的には，どれを使っても同じように画像を生成することができますが，画像をちょっと修正したい，パターン違いを作りたいというときには，ChatGPTの画像生成が優れています（詳しくは，POINT3で説明します）。

POINT 2　ChatGPT Plus でイラストを生成してみよう

　では，ChatGPTを使って，実際にイラストを生成してみましょう。今回は，令和５年度大学入学共通テスト本試験英語（リスニング）第１問Ｂに掲載されているスケートボードを持った女の子のイラストを再現してみたいと思います。プロンプトは次の通りです。少し特殊ですが，絵にしてほしい要素や雰囲気を羅列するだけで画像を生成することができます。

✎ プロンプト

> スケートボード，女の子，携帯電話，電話中，立ち姿，カジュアルな服，ポニーテール，シンプル，モノクロ，線画，クリーンなデザイン，若者，アニメーションスタイル，コミック風，イラストレーション，フレンドリー，漫画キャラクター，背景無地，背景白

🧠 生成された画像

パターン違いのイラストを作ろう

　リスニングで聞こえた説明に合っている絵を選ばせる問題では，パターン違いのイラストが必要です。画像生成 AI では，作るたびに全く異なるテイストのイラストが生成されてしまうのですが，「シード値」を使うことで同じ絵柄のパターン違いのイラストを生成することができます。シード値とは，画像1枚1枚に割り当てられる数字のことです。このシード値を指定することにより，ChatGPT は画像を特定することができます。

　シード値を確認するためには，以下のように直接聞くと教えてくれます。

プロンプト

> シード値を教えてください。（画像を生成した後に）

出力文例

> 生成されたイラストのシード値は3065593803です。

　後は，このシード値を使って指定していきます。今回は，右ページのように3パターンのイラストを作成しました。

　生成された画像を見ると，完全に同じキャラクターとまでは言えないですが，だいたい同じような絵柄，キャラクターでパターン違いを作ることができました。これなら，イラストを使ったオリジナルのリスニング問題も簡単に作成することができます。

🖌🧠 パターン違いを作るプロンプトと生成された画像

パターン1

シード値：3065593803の女の子が
電話しながらスケートボードに乗っ
ているイラストに変えてください。

パターン2

シード値：3065593803の女の子が
スケートボードに乗っているイラス
トに変えてください。

パターン3

シード値：3065593803から
電話を削除してください。

17 ロールプレイでやり取りする

POINT

1 ロールプレイをしてみよう
2 音声でロールプレイをしてみよう
3 新しい表現を教えてもらおう

POINT 1 ロールプレイをしてみよう

　ChatGPT を使って英会話の練習をすることができます。まずは次のプロンプトで英会話を開始してみましょう。

✎ プロンプト

> 以下の設定で英会話の練習をしてください。
> ・2人で旅行の計画を立てます。
> ・1回の発言は最大2文程度にしてください。
> あなたの発言から開始してください。

　右ページのように，返事を送信することで，ChatGPT とずっと英会話を続けることができます。中学校学習指導要領では言語の使用場面の例として，家庭での生活，学校での学習や活動，地域の行事，そして，自己紹介，買物，食事，道案内，旅行，電話での対応などが挙げられています。もちろん，これらの設定をプロンプトで指定し，ロールプレイをすることも可能です。

> **ChatGPT**
>
> Sure, let's plan our trip. Where would you like to go?

> **あなた**
>
> I would like to go to Lake Biwa!

> **ChatGPT**
>
> Great choice! When should we plan our trip to Lake Biwa?

> **あなた**
>
> How about this summer vacation?

> **ChatGPT**
>
> Summer vacation sounds perfect! Do you have any specific dates in mind?

> **あなた**
>
> No, I don't. You can decide it.

> **ChatGPT**
>
> Alright, how about the second week of August? It should be warm and perfect for a trip to Lake Biwa.

ChatGPT とのやり取り例

　ChatGPT とロールプレイを行うことで，教師は授業での活動へのヒントを得ることができますし，また，生徒たちは活動の前の準備として一人で練習を行うことができます。生徒にとって AI との会話練習は，英語を使うことへの不安をかなり抑えることができると考えています。そのため，普段なかなか英語で発信できない生徒が練習をして自信をつけたり，教科書に載っ

ている表現以外の新しい表現を試してみたり，より積極的に英語でのやり取りに取り組めるのではないでしょうか。

POINT 2 音声でロールプレイをしてみよう

　ChatGPT のアプリを使えば，無料版でも音声でやり取りをすることができます。

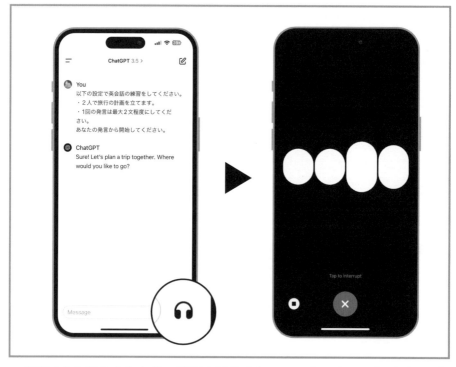

　音声でやり取りをした後，画面を閉じると，いつものチャット画面でやり取りを文字で確認することができます。自分が発音した英語がしっかりと認識されていたのかを確認したり，うまく聞き取れなかった部分を確認したりすることで振り返りを行うことができます。

さらに，英会話をした後は，次のように送信することで，会話を分析して修正点を ChatGPT が教えてくれます。

✐ プロンプト

> これまでの会話を振り返って，不自然なところを教えてください。

ただ会話をするだけにとどまらず，振り返りまでできるのは本当にありがたいですね。また，最初のプロンプトに「発話のたびに不自然な点を指摘してください」と指示を入れておくと，発話のたびに不自然な部分を指摘してもらいながら会話をしていくことも可能です。

また，以下のように指示を出すことで，新しい表現を勉強することができます。実際に会話した後で，このようなフィードバックが得られると今後のスピーキングに生かせそうですね。

✐ プロンプト

> これまでの会話を振り返って，これから使える便利な英語表現を教えてください。

18 瞬間英作文を作成する

POINT

1 瞬間英作文で簡単な英文を作るトレーニングをしよう

2 瞬間英作文を表の形で作ろう

POINT 1 瞬間英作文で簡単な英文を作るトレーニングをしよう

「瞬間英作文トレーニング」とは，簡単な英文を素早く大量に作っていくというトレーニングです。スピーキングやライティングの練習として有効だと考えられています。

個人的に，実際に英語を話せるようにしていくためには，目的・場面・状況を踏まえた練習が必要だと考えています。瞬間英作文は，その前段階の練習として，英語の語順や文型に慣れるのに適していると考えています。

POINT 2 瞬間英作文を表の形で作ろう

次のプロンプトを使って，ChatGPT に瞬間英作文を作らせてみましょう。ポイントはとにかく簡単な語彙を用いること，左右で英語と日本語をすぐに対照して見られるように表の形で出力することです。

【参考】
・森沢洋介．（2006）．どんどん話すための瞬間英作文トレーニング．ベレ出版．

✏️ プロンプト

There is / There are を使った英文を10個作成してください。
出力
| 日本語訳 | English Sentences |

🧠 出力文例

Sure, here are 10 sentences using "There is/are":

日本語訳	English Sentences
1．この部屋にはたくさんの本があります。	There are many books in this room.
2．公園にはたくさんの花が咲いています。	There are many flowers blooming in the park.
3．この街には美しい景色がたくさんあります。	There are many beautiful views in this town.
4．このレストランには美味しい料理がたくさんあります。	There are many delicious dishes in this restaurant.
5．今日の予定には何がありますか？	What is there on the agenda for today?
6．会議室にはたくさんの椅子があります。	There are many chairs in the conference room.
7．この地域にはたくさんの歴史的な建物があります。	There are many historical buildings in this area.

… （以下略） …

19 お題と使える表現を提案させる

POINT

1 ChatGPTにお題と使える表現を教えてもらおう

2 日常的な話題でやり取りしてみよう

3 日常的な話題でスピーチをしてみよう

POINT 1 ChatGPTにお題と使える表現を教えてもらおう

ChatGPTを使えば，様々な形式のスピーキング活動のお題を出すことができます。また，お題を出すだけでなく，ヒントとなる使える表現を，生徒のレベルに合わせて出力することも簡単です。5分程度で授業の帯活動として実施したり，Flip（Microsoftが提供する教育用のアプリ，詳細はpp.150-153）でスピーチ動画を提出させる課題にしたり，何度実施してもお題のネタが尽きる心配はありません。

POINT 2 日常的な話題でやり取りしてみよう

まず，日常的な話題でやり取りを行う際のお題を出力させてみましょう。右のプロンプトで，お題と使える表現を出力させることができます。今回はペアで行うやり取りの最初の質問をお題として出力させています。

出力結果を見てみると，プロンプト通りに中学生でも話しやすい話題で質問文を出力してくれています。また，Useful Expressionsもそのまま使えそうな英文が多く，これなら英語が苦手な生徒でも，まずは話し始めることができそうです。

プロンプト

英会話の練習がしたい。中学生が話しやすい日常的な話題について英語で質問してください。そのとき Useful Expressions として，返答に使える例文をいくつか提示してください。

出力文例

もちろん，英会話の練習を手助けします。以下は，中学生が話しやすい日常的な話題についての質問と，それに対する返答に使える例文です。

1. 趣味について：
　　質問："What's your favorite hobby?"
　　Useful Expressions:
　　　　"I really enjoy playing video games."
　　　　"I love reading books in my free time."
　　　　"I'm into drawing and painting."
2. 学校について：
　　質問："How's school going?"
　　Useful Expressions:
　　　　"School is going well. I have some interesting classes this year."
　　　　"I'm finding math a bit challenging, but I'm working hard to improve."
　　　　　　　　　… （以下略）…

次にスピーチのお題を出力させてみましょう。今回は「IELTSのスピーキングPart2のような問題」と，かなり具体的にプロンプトに指示を入れてみました。

✎ プロンプト

> IELTSのスピーキングPart2のような問題を出してください。また，その問題について4つの質問を出力してください。
>
> #制約条件：
>
> - 問題文は英語で出力してください。
> - 質問は英語で出力してください。
> - CEFR A2レベルで作成してください。

🧠 出力文例

> Sure, here's an IELTS Speaking Part 2-like question for you：
>
> Topic：Describe your favorite season.
>
> 1．What is your favorite season and why?
> 2．What activities do you like to do during this season?
> 3．How does this season make you feel?
> 4．Are there any special traditions or events associated with this season in your culture or country?

IELTSのスピーキングPart2では，「Describe ...」からトピックが始まりますが，「IELTSのスピーキングPart2のような問題」とプロンプトに入れ

るだけで同様の問題を出力してくれました。もし，問題が気に入らなければ，同じプロンプトで再度出力させてみたり，「問題を変えて」と追加で送信してみたりすると，新しい問題を出力してくれます。

　もちろん，「お手本を出力してください」と追加で送信するだけで，お手本も出力してくれます。

✒️ 追加のプロンプト

お手本を出力してください。

🧠 追加のプロンプトへの出力文例

Certainly, here's an example response to the question :
"My favorite season is summer. I really enjoy it because the weather is usually warm and sunny. During the summer, I like to go to the beach with my friends and family. We often have barbecues, swim in the ocean, and play beach volleyball.
Summer makes me feel happy and relaxed. The longer days and bright sunshine just put me in a good mood. I also like that I can wear light and colorful clothing during this season.
In my country, we have a tradition of celebrating the summer solstice with a bonfire on the beach. It's called 'Midsummer' or 'Ligo' in my culture. People gather around the bonfire, sing songs, and dance. It's a great way to mark the longest day of the year and enjoy the summer season."

20 自分専用の「言いたいことリスト」を作成する

POINT

1 ChatGPTを使って生徒の不安を解消しよう

2 生徒とプロンプトを共有しよう

3 言いたいことリストを共有しよう

POINT 1 ChatGPTを使って生徒の不安を解消しよう

　台本を用意することができるスピーキングの「発表」に比べて，「やり取り」はハードルが高いと感じておられる先生も多いのではないでしょうか。実際に，授業でやり取りをしてみても，「無言の状態が続く」「日本語でばかり話している」といった声も時々耳にします。課題の設定にもよりますが，生徒が英語で表現することに慣れていなかったり，強い不安を感じているため困っていたりすることが多いのだと思われます。

　このような生徒の苦手意識や不安を解消するためには，いくつかの方法があります。例えば，最初のうちは，ある程度，型の決まったやり取りを用意するという方法です。例えば，「ファーストフード店において，店員とやり取りしながら予算内で自分が食べたい商品を注文する」という目的・場面・状況では，ある程度決まった型があり，最初のモデル文を共有したり，使える表現を例示したりしながら，暗唱させることで，生徒の苦手意識や不安を解消できるはずです。

　しかし，ある程度自由度のあるやり取りをさせていくと，生徒が「言いたかったけど言えなかったこと」が出てくることでしょう。私は，まずはペアでやり取りをさせてみて，その後，「言いたかったけど言えなかったこと」

を考えさせ，再度ペアでのやり取りを行うという流れをよく取ります。生徒たちは，辞書を使ったり，Web 上で表現を調べたりするのですが，日本語から英語への変換に苦戦していることがよくあります。例えば，最近もこんなやり取りがありました。生徒から「『切り替え』って英語でなんて言えばいいんですか？」と聞かれて，「switch や change で表現できそうだけど，何を切り替えるの？」「『気持ちの切り替えが早い』って言いたいんです…」。このように掘り下げて聞くと，適切な英語へ直していくことができるのですが，これはなかなか初学者の生徒には難しい作業です。そんなとき，生徒がChatGPT を使うことで，この「言いたかったけど言えなかったこと」をどう言えばいいのか学ぶことができます。

POINT 2 生徒とプロンプトを共有しよう

今回使用するプロンプトは次の通りです。

✐ プロンプト

あなたは優秀な中学英語教師です。生徒である私が言いたかったことを以下の制約条件のもと英語で表現してください。
制約条件：
・ニュアンスが曖昧で特定できない場合は，質問すること
・例文を10個提案すること
・CEFR A1レベルまでの表現を使って書くこと
言いたかったこと：
切り替え

このプロンプトのポイントは，制約条件の1つ目の追加で質問させるところです。これにより，先ほどの生徒と教師のやり取りを，ChatGPT とのチャットで再現できるようにしています。

🧠 出力文例

生徒さん，
あなたが「切り替え」と言いたい状況について，いくつかの例文を提案します。もしご質問があれば，どうぞお知らせください。

1．I want to switch from math class to science class.
　　（数学の授業から科学の授業に切り替えたいです。）
2．Can I change my seat in the classroom？
　　（教室の席を変えることはできますか？）
　　　　　　　　　　　　　　　　… （中略）…
どれかがあなたの状況に合った表現でしょうか？　もしそうでなければ，具体的な文脈を教えていただければと思います。

　「生徒さん」という呼びかけはさておき，様々な「切り替え」の例文を出力してくれました。これらの例文を見て，生徒たちは「『切り替え』にもいろいろあるよね」ということに気づいてくれることでしょう。また，最後に，言いたかった表現があるか尋ねてくれています。この質問に対して，以下のように回答してみましょう。

✍️ 追加のプロンプト

気持ちの切り替えが早いと表現したいです。

🧠 追加のプロンプトへの出力文例

理解しました。"気持ちの切り替えが早い"と表現するために，以下の例文を提案します。

1. I can easily switch my mood.
   （気分を簡単に切り替えることができます。）
2. I'm quick to change my mindset.
   （考え方を素早く変えることができます。）
3. I can shift my emotions quickly.
   （感情を素早く変えることができます。）
4. I'm good at switching gears mentally.
   （精神的にスピーディに変えるのが得意です。）
5. I have a fast emotional turnaround.
   （感情の切り替えが速いです。）

… （以下略） …

　このように，かなり生徒が言いたかった文脈に近い形で例文をたくさん出力することができました。語彙も比較的簡単なもので表現できているため，生徒にとっても使いやすい例文となっています。

POINT▶ 3　言いたいことリストを共有しよう

　ペアワークでやり取りをさせ，このように「言いたかったこと」を英語でどう表現するか学んだ後は，これらの表現をまとめて共有することがおすすめです。Forms で提出させてクラス全体でリストを作成したり，Excel ファイルにまとめさせて学期の最後に集めたりすることで，便利な表現リストが簡単に作成でき，必要なときに振り返ることができます。

21 オーラルイントロダクションを作成する

POINT
1 本文を熟読しよう
2 大まかな内容を考えよう
3 Web 検索機能で地元の話題も探ってみよう

POINT 1 本文を熟読しよう

　オーラルイントロダクションとは，教科書の本文を読む前に口頭で行う導入のことを指します。オーラルイントロダクションの目的には，次の3つがあると私は考えています。

1　生徒が本文を読む動機付けを高める
2　本文を読み進めていくための背景知識を導入する
3　生徒と口頭でやり取りする機会として生かす

　例えば，「カーボンニュートラル」を題材とした教材があったとします。おそらく多くの生徒は，そもそもカーボンニュートラルという言葉を知らず，この教材を読み進めてみたいという気持ちはかなり低いでしょう。さらに，本文の説明が十分でない場合，生徒はよくわからないまま，とりあえず日本語訳はできたけど，内容は理解できていないという状況によく陥ります。このように，「背景知識がない状態」から「本文を読む」際には，大きな段差があり，生徒はここでつまずいてしまうのです。この段差にスロープをつけてあげるのが，オーラルイントロダクションです。

オーラルイントロダクションを作っていくには，まずは教師が本文を熟読して，生徒にとって「段差」になりえる箇所，つまり，生徒がつまずきそうな点や興味を引けそうな点を中心にピックアップしていく必要があります。

　おすすめは，ChatGPT に「オーラルイントロダクションを作って」と投げ，まずたたき台をつくります。その後，生徒がどのような背景知識をもっているのか，どのような単語・文法の知識を習得しているかを把握している教師が ChatGPT の出力を生徒に合ったものに仕上げていく方が，より生徒にマッチしたオーラルイントロダクションが作れます。

POINT 2　大まかな内容を考えよう

　それでは，まずたたき台をつくってもらいましょう。次のプロンプトを使用します。

✂️ プロンプト

> あなたは英語教師です。次の文章を読みたくなるような教師の発話を考えてください。
> # 制約条件：
> ・CEFR A2レベルの英語で出力すること
> ・専門用語は簡単な言葉で説明すること
> ・生徒へ簡単に答えられる質問をしながら話すこと
> ・生徒に本文を読むことを呼びかけること
> ・本文の内容をすべて伝えてはいけません
> # 本文：
> [ここに本文を入れる]

出力文例

Hello everyone！ Today we're going to talk about something really cool and important：being carbon neutral. Have you ever heard of that before？ No worries if you haven't, we're going to learn all about it together！

So, imagine you have this really messy room with toys scattered all over the place. What do you do to make it neat and tidy again？ You clean up, right？ Well, being carbon neutral is kind of like cleaning up, but instead of toys, we're talking about something called carbon dioxide in the air.

Now, why is it important to be carbon neutral？ Think about when it's really hot outside, and you want to stay cool. Being carbon neutral helps our planet stay cool too, by reducing the stuff in the air that makes it too warm.

So, how do we do it？ Well, there are a few ways, like planting trees, using less energy, and recycling. Just like how trees breathe in carbon dioxide, we can also do our part by using less energy and recycling our stuff.

Now, what can you do to help？　Can you think of any little things you could do every day？　Maybe turning off lights when you leave a room, walking or biking instead of driving sometimes, or even planting a tree in your garden？

Being carbon neutral is like being a superhero for the Earth！　So, are you ready to learn more about it by reading this interesting article？　Let's dive in and find out more about how we can all be Earth superheroes together！

　今回は GPT-3.5 を使用したこともあり，プロンプトでは「本文の内容をすべて伝えてはいけません」と書いていたのですが，かなり含められてしまっています。しかし，「たたき台」としては十分ではないでしょうか。"Now, what can you do to help？" などの発問も活用できそうです。読む前の生徒に聞いて，読んだ後にもう一度聞いてみても良いかもしれませんね。

POINT▶3　Web 検索機能で地元の話題も探ってみよう

　無料版の ChatGPT 等でも利用可能な Web 検索機能を使えば，特定の自治体の取り組みを調べることもできます。これにより，扱うテーマをより身近にすることができるかもしれません。以下のプロンプトで聞いてみましょう。

✂ プロンプト（下線部を変えてご使用ください。）

カーボンニュートラルについて英語の授業で扱います。滋賀県米原市が取り組んでいる事例を生徒に英語で紹介してください。

22 内容理解の問題を作成する

POINT
1 問題作成を効率化しよう
2 実際に問題を作ってみよう
3 最後は必ず解いて確認しよう

POINT 1 問題作成を効率化しよう

　ChatGPT を使えば，内容理解を確かめる問題の作成も効率化することができます。今回は，以下の文章をもとに問題を作成してみましょう。

今回使用する文章

> In today's world, smartphones are everywhere, and schools are no exception. One of the main benefits of using smartphones in schools is that they can be great tools for learning. With a smartphone, students have access to a wide range of educational apps and resources. They can quickly look up information, watch educational videos, and even use language learning apps to improve their skills. Additionally, smartphones can make learning more interactive and fun, which can help students stay engaged in their lessons.

※この文章は ChatGPT を使って作成しました。

　今回は5つのパターンの問題を作成します。問題作成では，指示に忠実に出力してもらう必要があるため，GPT-3.5ではうまくいかない場合も多いです。うまくいかない場合は，GPT-4o か Copilot 等を使いましょう。

🖌🧠 問題作成のプロンプトと出力文例

パターン1　4択問題を作成するプロンプト

次の文章に書かれている内容について，4択で答えられる
質問文を5つ提案してください。
［ここに文章を入れる］

パターン1　出力文例

1. What is one of the main benefits of using smartphones in schools, according to the passage?

   a) They provide entertainment during breaks.

   b) They offer access to a variety of educational apps and resources.

   c) They promote socializing among students.

   d) They contribute to distraction and lack of focus.

   … （以下略） …

パターン2　TF 問題を作成するプロンプト

次の文章に書かれている内容について，True もしくは False で答えられる問題文を5文提案してください。問題文は疑問文にしてはいけません。
［ここに文章を入れる］

3

英語授業のChatGPT活用アイディア

1. Smartphones are commonly used in schools as tools for learning.
2. Students cannot access educational apps and resources through smartphones.

… （以下略） …

少し複雑な問題は，作成手順を順序立てて指示するとうまくいきます。

パターン3　**要約文（短文）空欄補充問題を作成するプロンプト**

次の文章に書かれている内容について，以下の手順に従って英語で問題を作成してください。

1. 文章の要約を箇条書きする
2. 箇条書きの文を1つ取り上げ，その文のフレーズを一部空欄にする
3. その空欄に入るフレーズとして4つの選択肢を作成する。正解を必ず1つだけ入れること

[ここに文章を入れる]

パターン3　**出力文例**

… （前略） …

Fill-in-the-Blank Question:

Smartphones in schools allow students to _____.

Choices:

A) play video games during lessons

B) quickly look up information

C) avoid doing homework

D) call friends during class

次の文章に書かれている内容について，以下の手順に従って英語で問題を作成してください。
1．文章の要約文を40トークン程度で書くこと
2．要約文を5箇所空欄にする
3．その空欄に入るフレーズを，それぞれ4つずつ選択肢を用意すること

[ここに文章を入れる]

パターン4 出力文例

… （前略） …

Fill-in-the-Blank Question:

Smartphones in schools offer access to (1), (2) learning, and the ability to quickly (3), making lessons more (4).

Choices for Each Blank:
1．(A) educational apps　(B) social media platforms
　　(C) entertainment content　(D) gaming websites
2．(A) passive　(B) interactive　(C) isolated　(D) traditional
3．(A) look up information　(B) text friends　(C) play games
　　(D) browse the internet
4．(A) engaging　(B) boring　(C) tedious　(D) overwhelming

　今回は「5箇所」と指示を出したのですが，4箇所しか空欄が作成されていません。このようなミスはよくあることなので，必ず確認するようにしてください。

3 英語授業のChatGPT活用アイディア

121

パターン5 本文並び替え問題を作成するプロンプト

次の文章に書かれている内容について，以下の手順に従って英語で問題を作成してください。

1．文章の要約を箇条書きする。必ず5文でまとめること。
2．箇条書きの文をランダムに並び替えてください。

[ここに文章を入れる]

パターン5 出力文例

… （前略）…

2．Randomly rearranged bullet points:

・With smartphones, students can access a wide range of educational apps and resources.

・Smartphones can make learning more interactive and fun, keeping students engaged.

・Students can use smartphones to quickly look up information, watch educational videos, and use language learning apps.

・Smartphones are ubiquitous in today's world, including in schools.

・They can be great tools for learning in educational settings.

パターン5では，「本文で書かれている順番に並び替えなさい」という問題を想定しています。この指示をプロンプトに含めるとうまくいかなかったので，プロンプトには含めていません。今回のような説明文ではイマイチかもしれませんが，物語文などで，「出来事を時系列に沿って並び替えなさい」という問題を作成することへも応用することができます。

これらのプロンプトを活用することでかなり問題作成は効率化できます。もし，問題が気に入らなければ，同じプロンプトで繰り返しプロンプトを送信することで，再度作成しなおすこともできます。

また，ChatGPT Plus（課金）ユーザーであれば，よく使うプロンプトを

GPTs に事前に指示を入れておき，問題を作成する元の文章を入れるだけで問題が出るようにしておくのもおすすめです。

　今回は，使用しませんでしたが，問題作成をする際に，プロンプトに問題例を含めるのも有効です。例えば，すでに 8 問ある問題に，あと 2 問追加したいという場合は，「次の問題にあと 2 問追加して」というふうに指示を出すと，かなり近い問題を作成してくれます。

POINT 3　最後は必ず解いて確認しよう

　ChatGPT が作ってくれた問題の中には，「私だったらこんな問題は作らないな」と感じる問題が含まれていることがあります。今回作成した問題の中にも，次のような問題がありました。

What aspect of language learning can smartphones facilitate, according to the passage?
a) Grammar correction.
b) Pronunciation practice.
c) Written exams.
d) Group discussions.

　一見すると，良さそうな問題ですが，本文中にこれに関する記述はなく，答えを選ぶことができません。この他にも，例えば，問いがやや抽象的で，答えにくかったり，答えが到底 1 文では収まらなかったり，そのまま使用すると混乱しそうな問題が出力されることがあります。当然ですが，実際に問題を使用する際は，必ず教師が解いて確認をしたうえで使用するようにしましょう。

23 要約を作成する

POINT 1 文章で要約を作成させよう

ChatGPT は文章を要約するのが得意です。プロンプトに原文を含めたり，Web 検索機能を活用して，URL で Web ページを渡したりすることで，要約してくれます。また，その要約文に使われる語彙のレベルを CEFR で指定することもできます。

✎ プロンプト

> 以下の文章を要約してください。
>
> # 制約条件：
>
> ・英語で出力すること
>
> ・CEFR A2レベルの語彙を使用すること
>
> # 文章：
>
> ［ここに文章を入れる］

この要約文は，問題の作成に活用することができます。学習している単元に関連する教科書外の文章や Web 上の記事を，生徒が読めるわかりやすい

英語でまとめさせることで，問題の文章を作ることができます。

タイトルを作成させよう

　本文の内容を一文でまとめさせる，つまり，タイトルを作成させることもできます。これを使えば，本文に合っているタイトルを選ぶ問題も簡単に作成することができます。

✏️ プロンプト

以下の文章のタイトルを10個提案してください。
#文章：
[ここに文章を入れる]

SNSの投稿風にまとめさせよう

　さらに，少し趣向を変えて，SNSの投稿風の文章を複数作成することもできます。例えば，段落ごとにSNSの投稿を作成させて，情報を比較し，整理して解くような問題を作成することができます。

✏️ プロンプト

以下の文章をもとに短くまとめたX（旧Twitter）の投稿を
絵文字付きで出力してください。
#文章：[ここに文章を入れる]

24 生徒のレベルに合わせて 文章の語彙を変える

POINT 1 CEFR で文章のレベルを指定しよう

　ChatGPT を使って文章の英語のレベルを変えることができます。英語のレベルを変えるときには，CEFR（Common European Framework of Reference for Languages）を使って指定すると比較的うまくいきます。ご存知の方も多いと思いますが，CEFR は，ヨーロッパ言語共通参照枠と呼ばれる，欧州評議会が開発した言語能力の指標です。英検などの試験も CEFR と対応しており，それぞれの級がどの CEFR レベルに相当するかが示されています。

CEFR	英検級
C1	1 級
B2	準 1 級
B1	2 級
A2	準 2 級
A1	3 級

参考：https://www.eiken.or.jp/eiken/result/itemguideline.html

プロンプト

Please rewrite the text below at CEFR A1 level.
Input:
Sherlock Holmes, a fictional detective created by Sir Arthur Conan Doyle, is renowned for his astute logical reasoning, ability to adopt almost any disguise, and use of forensic science to solve difficult cases. Holmes first appeared in publication in 1887 and has since become one of the most famous and enduring characters in detective literature. Residing at 221B Baker Street in London, he is often accompanied by Dr. John Watson, who narrates most of the stories. Holmes's methodologies and eccentric personality, characterized by a meticulous and analytical approach to solving mysteries, have captivated readers for generations.

… （以下略）…

※この文章は ChatGPT を使って作成しました。

出力文例

Sherlock Holmes was made up by Sir Arthur Conan Doyle. He's famous for being really good at solving problems, wearing different disguises, and using science to solve tough cases. He first showed up in a book in 1887 and has been really popular ever since. He lives at 221B Baker Street in London with his friend Dr. John Watson, who tells most of the stories. Holmes is known for being

… （以下略）…

POINT 2　New Word Level Checker で確認してみよう

　出力結果を見てみると，なんとなく元の文章より簡単な文章になっている印象を受けます。これを確認するための，英文に出てくる単語のレベルを判定するツールとして，関西大学の水本篤先生が開発された New Word Level Checker があります。

New Word Level Checker

https://nwlc.pythonanywhere.com

　①文章を入力し，②Word List を選択して，③Check を押すことで使用することができます。今回は，CEFR-J を使って，CEFR で単語のレベルを確認してみましょう。

　なお，Word List にある選択肢については，「About」ページに説明が掲載されています。リストごとに，ワードのカウント方法が若干異なるので，詳細はこちら（https://mizumot.com/nwlc/about.html#word-lists）を参照してください。

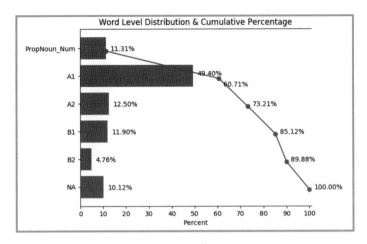

元の文章

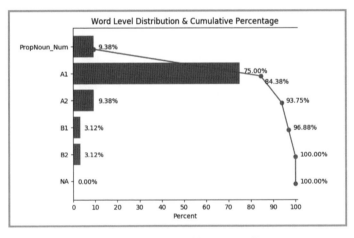

ChatGPT によって簡単にした後

　このグラフから，CEFR A1以上の語彙も含まれてはいますが，文章中の CEFR A1レベルの語彙の割合が49.4％から75.0％へ大きく上がっているのが よくわかります。

25 続きの展開を作成させる

POINT
1 続きの展開を作成させよう
2 続きを考えるのを楽しもう

POINT 1 続きの展開を作成させよう

　ChatGPT を使うことでリーディング教材の「続き」を考えさせることができます。本項では，著作権等の関係から，次の教科書にありそうな文章を使って，続きを考えさせてみました（右ページ）。このようにとても自然な流れで元の文章の続きの文章を書いてくれます。「別のパターンを提示して」とお願いすると，さらに別のパターンも出力してくれます。

今回使用する文章

Ayumi："Hi Genta！ Do you know any traditional Japanese games？"

Genta ："Hello Ayumi！ Yes, I do. One popular game is "Kendama".
　　　　　　 It's a wooden toy with a ball and string."

Ayumi："That sounds fun！ How do you play it？"

Genta ："You try to catch the ball in one of the cup-shaped areas.
　　　　　　 It's challenging but exciting."

※この文章は ChatGPT を使って作成しました。

✂️ プロンプト

次の文章は英語学習教材の文章です。
以下の制約条件のもと，文章の続きの展開を考えてください。
制約条件：
・原文に続けて続きを出力すること
・英語で出力すること
・語彙のレベルは原文を維持すること
文章：
[ここに文章を入れる]

🧠 出力文例

Ayumi："Wow, it seems like it requires a lot of skill and coordination."
Genta ："Definitely! It takes practice to master it. Another traditional
　　　　game is "Sugoroku", which is a Japanese board game similar
　　　　to snakes and ladders."
Ayumi："Oh, I've heard of that! How do you play Sugoroku？"

… (以下略) …

POINT 2 続きを考えるのを楽しもう

　何もないところから文章の続きを考えるのはハードルが高いですが，このような例を提示したうえでなら，生徒たちでも気軽にオリジナルの文章を考えることを楽しめるでしょう。この「続きの文章」は，初出の文章として考査の問題にも使えそうです。

26 Teams の Reading Progress で 音読を課題にする

POINT

1 音読を課題にしよう
2 Reading Progress と Reading Coach を活用しよう
3 自分が作った文章で音読練習をしよう

POINT 1 音読を課題にしよう

Reading Progress とは，生徒が流暢に音読する練習をするためのツールで，Teams 上で使用することができます。使い方は簡単で，教師が音読させたい文章を課題として配信し，その後，生徒たちは音読している様子を録画して提出します。たったこれだけで AI が自動で一語一語発音できているかチェックをしてくれます。教師から返却されると，自分の発音が正しかったのかどうかを 1 語ずつ確認することができます。

Reading Progress

https://learn.microsoft.com/ja-jp/training/educator-center/product-guides/reading-progress/

How to use Reading Progress in Microsoft Teams

https://www.youtube.com/watch?v=NilBP_YwXDw&t=408s

POINT 2　Reading Progress と Reading Coach を活用しよう

Reading Progress は Teams の「課題」として配信することで使用することができます。一方で，同様の機能をもつ Reading Coach というものも Teams for Education では用意されています。こちらは，Teams 上で Word ファイルなどを開き，「表示」→「イマーシブリーダー」→「閲覧の環境設定」から「リーディングコーチ」をオンにすると，使用することができます。オンにした状態で録音ボタンを押して音読すると，終了時に簡単なレポートが表示されます。

違いを理解しよう

Reading Progress

・教師が生徒の取り組み状況を確認でき，詳細に分析できる

Reading Coach

・生徒が個人的に発音の練習を，簡単に行える

POINT 3　自分が作った文章で音読練習をしよう

これらの機能を使えば，ChatGPT で作成した文章やプレゼンの原稿などを AI とともに音読練習することができます。共通の文章で音読練習させるのであれば，Reading Progress の方が詳細な分析ができるので，こちらがおすすめです。一方で，生徒が ChatGPT とともに書いたプレゼンの原稿など，一人ひとり違う原稿で音読練習する場合は，Reading Coach で練習をすると良いでしょう。

27 英作文のお題を作成する

POINT

1. 「無茶振り」でたくさん提案させよう
2. 条件を追加して，さらに使いやすくしよう
3. プロンプトに過去問を入れよう

POINT 1 「無茶振り」でたくさん提案させよう

　ChatGPT に英作文のお題を考えてもらう際は，右のプロンプトのように「無茶振り」しましょう。同僚相手に「20個考えて」とはなかなかお願いできないですが，AI なので気にすることはありません。たくさん案を出してもらって，良いものを選び，洗練させていくという使い方がおすすめです。

POINT 2 条件を追加して，さらに使いやすくしよう

　プロンプトに制約条件を追加することで，さらに授業で使いやすいものにすることができます。英作文を書かせるとき，「書くことがない」と言って筆が止まる生徒も少なくありません。右の制約条件により，そのような生徒に対して，ヒントになる「視点」や「語彙」を提示することができます。

POINT 3 プロンプトに過去問を入れよう

　もし特定の問題や試験と似たようなお題を設定したいという場合は，プロンプトにその問題例や過去問を入れるという使い方もおすすめです。

ChatGPT では，プロンプトに具体的な問題例を含めることで，それに似た問題を無限に出力することができます。例えば，教科書に掲載されている英作文の課題をしたあとに，もう少し生徒に練習させたいというときにとても役立ちます。

✂️ プロンプト

中学生向けの英作文のトピックを20個提案してください。
制約条件：
・トピックは日本語／英語で書くこと
・トピックとともに，書くときにヒントとなる視点を3つ提案すること
・トピックとともに，文の冒頭の一部を提案すること
・トピックとともに，関連する語彙を10個提案すること
問題例：
[過去問をコピー＆ペーストする]

🧠 出力文例

… (前略) …

1．自己紹介
ヒント：名前，年齢，趣味
冒頭："Hello, my name is [名前] and I am [年齢] years old."
語彙：age, hobby, introduce, name
2．週末のアクティビティ

… (以下略) …

28 英作文の添削をさせる

POINT 1　添削用のプロンプトを用意しよう

　ChatGPT で英作文の添削を行うプロンプトを考えるとき，どの程度のフィードバックをさせるのかを明確にすることが大切です。

レベル1　スペルミスや文法ミスへのフィードバック
レベル2　表現をより豊かにするフィードバック
レベル3　文章全体の構成をより魅力的にするフィードバック

　例えば，生徒が英作文に慣れていない状況で，文章全体を変えてしまうようなフィードバックをしてしまうと，生徒が添削結果を消化しきれないおそれがあります。段階的にフィードバックを与えるなど，生徒の熟達度に応じて，どの段階のフィードバックをすれば良いのか考えていく必要があります。

　また，GPT-3.5は，日本語と英語が混ざった文章を生成することが苦手です。例えば，「生徒が書いた英作文は英語のまま，添削結果は日本語で」という出力はうまくいかない場合が多いです。そのため，本書では，すべて英語で出力するプロンプトを紹介します。

✏️ 英作文添削プロンプト

レベル1 スペルミスや文法ミスへのフィードバック

As an English teacher, read the following essay and provide only the minimum necessary corrections for spelling, grammar, and punctuation.

Output:

1．A rewritten version of the essay.

2．A complete list of corrections.

レベル2 表現をより豊かにするフィードバック

As an English teacher, read the following essay and provide feedback aimed at enhancing the richness and clarity of expression and vocabulary, using only CEFR A2 level vocabulary.

Output:

1．A rewritten version of the essay.

2．A complete list of suggestions.

レベル3 文章全体の構成をより魅力的にするフィードバック

As an English teacher, read the following essay and provide feedback to improve the overall structure and appeal of the text, using only CEFR A2 level vocabulary. Focus on the essay's organization, coherence, and argumentative strength.

Output:

1．A rewritten version of the essay.

2．A complete list of suggestions.

POINT 2 ChatGPT に添削させよう

前ページの QR コードをスキャンすると，チャットと「Get started with ChatGPT」というボタンが表示されます。このボタンを押すと，続きから会話を行うことが可能です。ChatGPT が英作文を求めてくるので，添削したい英作文を貼り付けて送信するだけで添削結果を得ることができます。

POINT 3 フィードバックの内容を確認しよう

プロンプトさえ用意しておけば，あっという間に英作文の添削ができてしまうのですが，実際に出力結果を見てみると，適当でない添削結果が出力されることもよくあります。特に，GPT-3.5ではその傾向が強いです。

そのため，教師が ChatGPT を使って添削する場合は，生徒に返却する前に必ずチェックをするべきです。また，生徒が ChatGPT を使うことができる場合は，この問題への対策として次の3つが考えられます。

1．出力結果を提出させて教師がチェックする
2．AI の出力結果を批判的に見る問いをワークシートに追加する
3．GPT-4/GPT-4o にする（費用がかかる）

生成 AI が出す情報には間違いが含まれるおそれがあるということを生徒と共有したうえで，出力結果だけを信じるのではなく，辞書や文法書などの信頼できる情報源で再度確認する習慣付けが必要です。

私は，生徒自身が ChatGPT を使って英作文の添削を行う際は，右ページのワークシートを使用しています。このワークシートを通して，生徒が添削結果としっかり向き合うきっかけが提供できればと考えています。

Essay Writing with ChatGPT

出席番号：

名前：

※ 注意 ※

- ChatGPT の添削や改訂には、間違いが含まれることがあります。
- ChatGPT の添削や改訂でわからないところがあれば、辞書や文法書等で確認をするようにしましょう。
- 自分で調べても解決できない疑問点は先生に相談しましょう。

| お 題 | Do you think watching TV is bad for children? |

1. まずは何も頼らずに、英語で文章を書こう。

2. ChatGPT の出力結果をペーストしよう。

［ここに出力結果をペーストしましょう］

3. 自分が書いた文と レベル1の添削結果 **を比較し、自分がどのようなミスをしたのか分析しよう。**

4. 自分が書いた文と レベル2の添削結果 **を比較し、これから使いたい表現を整理しよう。**

5. ChatGPT の出力結果で疑問に思ったことや気になった表現があれば、
   辞書や文法書等で調べよう。

29 英作文を素早く添削させる

POINT

1 API について理解しよう
2 Google スプレッドシートの拡張機能を使おう
3 英作文を Google フォームで回収しよう

POINT 1　API について理解しよう

　大規模言語モデル GPT には，2 通りの使い方があります。1 つ目は，ChatGPT を通して使う方法で，これはいつものチャット画面でやり取りを行なう方法です。2 つ目は，自作のアプリや他者が作成したアプリから GPT にアクセスする方法です。このような仕組みを API と言います。

　この方法を使うことで，Google スプレッドシート上で GPT が使えるようになります。例えば，一瞬で全生徒が書いた英作文を GPT に添削させるといったことが可能になります。これにより，一つひとつコピー & ペーストして ChatGPT で送信するよりも格段に素早く添削させることができます。

モデル	インプット	アウトプット
GPT-4o	$5.00 / 100万トークン	$15.00 / 100万トークン
GPT-3.5 Turbo (gpt-3.5-turbo-0125)	$0.50 / 100万トークン	$1.50 / 100万トークン

API 利用料
※日本語では，基本的に 1 文字 1 ～ 3 トークンになります。
※料金は 2024 年 5 月時点

ただし，APIは有料で，左の表の通り，やり取りするテキストの量や使用するモデル（GPT-3.5もしくはGPT-4o）によって利用料が決められます。GPTではトークンという単位を使って，文章量を把握しています。

　APIを通してChatGPTを使用する際に必要となるのが「シークレットキー（APIキー）」です。このシークレットキーを他者が作成したアプリに入力することで，GPTへアクセスすることが可能になります。取得するために，まずは下記のURLへアクセスしてください。

API keys

https://platform.openai.com/account/api-keys

　このページ内の +Create new secret key をクリックすると，シークレットキーが作成されます。さらにシークレットキーの右横にある Copy をクリックし，コピーしましょう。これでシークレットキーの取得は完了です。なお，このシークレットキーは Done を押すと2度と表示されないので忘れないように注意してください。

POINT▶2　Google スプレッドシートの拡張機能を使おう

　APIを使った処理を行う際，私はGoogle Chromeの拡張機能「GPT for Sheets™ and Docs™」をよく使用します。この拡張機能をインストールすることで，Google ドキュメントやGoogle スプレッドシート上でGPTを使用できるようになります。以下のURLを開き，インストールしましょう。

GPT for Sheets™ and Docs™

https://workspace.google.com/marketplace/app/gpt_for_sheets_and_docs/677318054654

それでは，この拡張機能に，先ほど取得したシークレットキーを設定していきましょう。まず，Google スプレッドシートを開いてください。メニューバーの 拡張機能 の中に GPT for Sheets™ and Docs™ という項目が追加されています。 Open から起動し，メニューの API keys をクリックしましょう。

　上のような画面が表示されたら，先ほど取得したシークレットキーを「OpenAI API key」の欄へ入力し， Save API key をクリックしましょう。これで API のシークレットキーの設定は完了です。ChatGPT を開かなくても，Google ドキュメントや Google スプレッドシート上から GPT を利用することができます。

　それでは，実際に使用してみましょう。上記の設定が済んでいれば，Google スプレッドシート上で「GPT 関数」を使って，GPT から返答をもらうことができます。GPT 関数は次のような値を取ります。

GPT 関数
=GPT（"プロンプト", [値], [temperature], [model]）

省略可

☆ 🖾 ☁
挿入　表示形式　データ　ツール　拡張機能　ヘルプ

=GPT("Please point out the grammartical errors in the following English composition.", B2)

関数を実行した結果

	名前	英作文	GPTによる添削結果
1			
2	Yoshida	I can do many things to help the environment. I can recycle paper, plastic, and glass. I can also turn off the lights when I leave a room. I can walk or ride my bike to school instead of taking the car. I can also eat less meat and more vegetables. By doing these things, I can help to protect the environment and make the world a better place.	The original composition is grammatically correct and does not contain any errors. It is clear, concise, and effectively communicates the message. Each sentence is p___ and the use of "I can" at the b___ sentences emphasizes the in___ contribute to environmental p___ parallel structure in listing the actions that can be taken is also effective. Therefore, there are no grammatical corrections needed for this composition.
3	Tsuburaya	I care about the environment and I want to do my part to help. I can save energy by turning off lights and electronics when I'm not using them. I can also conserve water by taking shorter showers and fixing leaky faucets. I can reduce my waste by recycling and reusing materials. I can also choose to buy products that are made from recycled materials. By doing these things, I can help to protect the environment and make the world a better place for everyone.	
4	Kojima	I think it's important to take care of the environment. I can do my part by recycling and composting. I can also try to use less energy and water. I can also walk or ride my bike instead of driving whenever possible. I can also choose to buy products that are made from recycled materials. By doing these things, I can help to protect the environment and make the world a better place.	
5	Haibara	I want to help the environment because it's important for our planet. I can do my part by recycling and composting. I can also try to use less energy and water. I can also walk or ride my bike instead of driving whenever possible. I can also choose to buy products that are made from recycled materials. By doing these things, I can help to protect the environment and make the world a better place.	
6	Edogawa	I think it's important to take care of the environment because it's our home. I can do my part by recycling and composting. I can also try to use less energy and water. I can also walk or ride my bike instead of driving whenever possible. I can also choose to buy products that are made from recycled materials. By doing these things, I can help to protect the environment and make the world a better place.	

ドラッグで
複数の英作文に
一気に適用

3
英語授業のChatGPT活用アイディア

Google スプレッドシート上で，GPT の API を使用して一気に添削させる方法を取る場合，生徒に英作文を Google フォームから提出させると，さらにスムーズです。

Google フォームは以下のような形で，生徒の情報と英作文の入力欄を用意します。作成後，Google フォームの作成者の画面で，生徒の回答と Google スプレッドシートをリンクすることができます。

英作文提出フォームの例

さらに詳しく知りたいときの参考資料

英作文の添削を授業に取り入れる際，もう少し詳しい情報を得たい方は，以下の資料が参考になります。

1. Mizumoto, A., & Eguchi, M. (2023). Exploring the potential of using an AI language model for automated essay scoring. *Research Methods in Applied Linguistics, 2*(2), 100050.

2. Pfau, A., Polio, C., & Xu, Y. (2023). Exploring the potential of ChatGPT in assessing L2 writing accuracy for research purposes. *Research Methods in Applied Linguistics, 2*(3), 100083.

3. 柳瀬，陽介．（2023，6月24日）．*無料の GPT-3.5 の ChatGPT で大学入試レベルの英作文を自学自習するためのプロンプト*．英語教育の哲学的探究3．
https://yanase-yosuke.blogspot.com/2023/06/gpt-35chatgpt.html (2023年11月15日閲覧)

1，2の資料は，ChatGPT が英作文の添削にどれくらい使えるのかについて検証した論文です。水本・江口（2023）では，GPT-3.5のベースとなった「text-davinci-003」という GPT モデルを使い，Pfau, Polio, & Xu（2023）の研究では，GPT-4 を使って，添削の精度を調べています。

また，3の資料は，英作文の添削のプロンプトとして評判の良い『無料の GPT-3.5の ChatGPT で大学入試レベルの英作文を自学自習するためのプロンプト』です。こちらは，京都大学の柳瀬陽介先生がブログで公開されています。私もこのプロンプトを生徒に使わせてみましたが，英作文の添削の最後にポジティブなコメントをくれるところが生徒から好評です。

30 パフォーマンステストの ルーブリックを作成する

POINT

1 簡単なルーブリックを作成しよう
2 評価規準を作成してからルーブリックを作成しよう
3 ルーブリックを共有しよう

POINT 1 簡単なルーブリックを作成しよう

現在，パフォーマンステストの重要性が高まっているのは疑いようのない事実でしょう。そして，評価者間で信頼性のある評価を行うために，ルーブリックを用いるのが一般的です。

まずは，右のようにざっくりとした指示でルーブリックを ChatGPT に作らせてみましょう。追加で，「さらに他の観点を追加して」と依頼すると，別の観点も提示してくれます。もちろん，これはざっくりとした指示での作成なので，「実際にこれで評価できるのか」「学習指導要領と照らし合わせて適当か」等を検討してから使用する必要がありますが，ルーブリックを作る際の「たたき台」として使うことができます。

POINT 2 評価規準を作成してからルーブリックを作成しよう

次に，もう少し丁寧にルーブリックを作成してみましょう。学習指導要領の教科の目標等を踏まえて，「評価規準」を自分で作成してからルーブリックを作成するプロンプトを書くのがおすすめです。

プロンプト

命令書：

あなたは優秀な教育者です。

以下の制約条件と使用場面をもとに，最高のルーブリック評価表を提案してください。

制約条件：

・1つの表の形で出力すること

・1行目は｜知識・技能｜思考・判断・表現｜主体性｜とすること

・1列目はABCの3段階作ること

・中学生にもわかるようにすること

・具体的な言葉を使って表現すること

使用場面：

中学生の英語スピーチの評価

出力文例

… （前略）…

評価項目	A（優れている）	B（良い）	C（改善が必要）
知識・技能	話題に関する正確な情報を提供し，適切な用語を使用	話題に関する基本的な情報を提供し，理解可能な用語を使用	話題に関する情報が不足し，用語の選択が適切でない

… （以下略）…

評価規準とは，領域ごと・観点ごとに目指すべき姿を文章化したもので，国立教育政策研究所の『「指導と評価の一体化」のための学習評価に関する参考資料』に作成方法や例が詳しく記載されています。

　例えば，自分の地域を紹介するという単元を例に，「話すこと［発表］」の「思考・判断・表現」の評価規準を以下のように設定しました。

> **「話すこと［発表］」の思考・判断・表現の評価規準（例）**
> 外国の人に「行ってみたい」と思ってもらえるように，自分の住んでいる地域について，事実や自分の考え，気持ちなどを，簡単な語句や文を用いて，話している。

　これをプロンプトに含めてみたのが右の例です。ABC で 3 段階の評価基準を作成してくれました。目指すべき姿である評価規準に対して，本書では紙幅の都合上省略していますが，4 つの評価項目について評価基準を作成してくれました。冒頭の「プレゼンテーション」の部分を「英作文」に書き換え，「目指す姿」の部分も「書くこと」の評価規準に書き換えると，英作文版のルーブリックを作成することもできます。

POINT 3　ルーブリックを共有しよう

　完成したルーブリックは使用する前に，実際に評価する教員間で共有して検討をしましょう。また，パフォーマンステストの前には，生徒にもルーブリックを共有すると良いでしょう。こうすることで，どのようなパフォーマンスを求められているのかを教師と生徒の間で共有することができます。

　私は，ルーブリックを作ることで，生徒の英語運用能力の状況を適切に評価し，教師は今後の指導に，生徒は今後の学習に生かせると考えます。そのために，具体的でわかりやすい評価基準を考える作業で ChatGPT を活用していきましょう。

✏️ プロンプト（今回は GPT-4 を使用しました。）

あなたは優秀な教育者です。
以下の制約条件と目指す姿をもとにプレゼンテーションのルーブリック
評価表を作成してください。
制約条件：
・1つの表の形で出力すること
・ABC の3段階で評価基準を作ること
・中学生にもわかるように具体的な言葉を使って各段階を説明すること
目指す姿：
外国の人に「行ってみたい」と思ってもらえるように，自分
の住んでいる地域について，事実や自分の考え，気持ちなど
を，簡単な語句や文を用いて，話している。

🧠 出力文例

… （前略） …

プレゼンテーションのルーブリック評価表

評価基準	A（優秀）	B（良好）	C（改善が必要）
内容の正確さ	地域に関する事実を正確に伝え，具体的な例を挙げている。	地域について基本的な事実は伝えているが，詳細が不足している。	地域に関する事実が不正確であるか，具体例がない。

… （以下略） …

3 英語授業のChatGPT活用アイディア

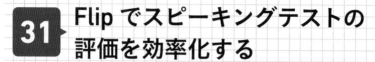

31 Flipでスピーキングテストの評価を効率化する

POINT 1 Flip の使い方を知ろう

Flip（旧 Flipgrid）とは，Microsoft が提供する教育用のアプリで，短い動画を限られたグループの中で簡単に共有することができます。使い方は簡単で，まず教師がグループを作成して生徒を招待します。その後，トピック（お題）を設定すると，生徒たちはそのトピックについて動画を投稿することができます。タイピングができない児童・生徒でも簡単に成果物を共有できることから，小学校での活用事例も多く見られます。

Flip

https://info.flip.com/en-us.html

右の画像は実際の使用画面です。一番上には，トピックのタイトル，そして指示が書かれています。その下の「録画」を押すことで，録画が開始されて投稿された動画は同じページの下部で閲覧することができます。

グループには特に制限がないので，クラスに捉われず，クラスを越えて，学年を越えて，学校を越えてグループを作成することができます。例えば，学校全体で「総合的な学習の時間」用のグループを作成して，探究活動で取

り組んだ成果をプレゼンテーション動画にして全体で共有するといったことも可能です。

Flip の画面

POINT 2　Flip を使ってパフォーマンス課題を実施しよう

Flip を活用するメリットは次の通りです。

Flip を活用するメリット
・パフォーマンステスト（課題）実施の時間的な制約をなくせる
・動画の文字起こし機能により評価を補助してくれる

　いざパフォーマンステストを実施しようとすると，40人の生徒にやり取りや発表をさせることになります。評価に信頼性をもたせるために，2人の教員で評価をするために時間割変更をしなければならない場合もあるでしょう。そんなとき，Flip であれば，スピーキングテストを同時に録画させて投稿

させることができます。また，即興性を求めないプレゼンテーション等のパフォーマンスであれば，家庭での課題として提出させることも可能です。このように，Flip を使うことで，パフォーマンステスト（課題）を実施する際の時間的な制約をなくすことができるのです。従来の形も良いですが，選択肢の１つとして Flip を使用するのも有効です。

POINT 3　スピーキングの評価を効率化しよう

　さて，ここまででも十分便利な Flip ですが，動画の文字起こし機能が評価をする際にとても便利です。この文字起こし機能は，ただ動画上で文字起こしをしてくれるだけでなく，Excel などで取り込める csv ファイルでまとめてダウンロードすることができます。ダウンロード方法は次の通りです。

①まず各トピックの画面で，右上の「…」から データをエクスポート をクリックします。

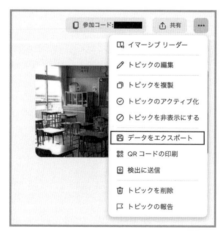

②その後，データをダウンロードするためのリンクをメールで送信して良い
かをたずねられるので， メールの送信 をクリックします。

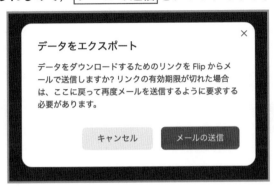

③最後に，すぐに以下のようなメールが届くので， Download ボタンを
押して csv ファイルをダウンロードします。

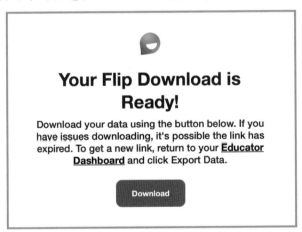

　この csv ファイルの中には，「Transcript」という項目に，投稿された全
動画の文字起こしデータが入っています。ChatGPT を使って，「次の文字起
こしされたプレゼンの構成についてアドバイスを考えて」「次の文字起こし
されたプレゼンをルーブリックに基づいて評価をして」などと指示を出すこ
とで，評価をする際の補助として使用することができます。

32 形成的評価で活用する

POINT 1 形成的評価をこれからの指導に生かそう

　学習指導要領で「指導と評価の一体化」が求められているように，単元や学期の途中で，指導や学習の改善のために形成的評価を行うことは重要です。つまり，単元の最後に，そこまでに積み上げてきた資質・能力を評価する総括的評価（定期考査等）とは別で，小テストを行ったり，振り返りを記入させたりし，評価・フィードバックを行い，その後の生徒の学習や，教師の指導に生かしていくことが求められています。

　本項では形成的評価で ChatGPT を活用するアイディアを紹介します。ただし，ここで紹介する方法は，あくまでも，評価のための参考資料の作成を補助する程度に留めて，使用していただきたいと思っています。

POINT 2 生徒の振り返りを整理・分析しよう

　今回は，形成的評価として生徒が学習の振り返りを行う場面を想定してみましょう。授業の最後に，生徒に Google フォームなどへ振り返りを入力させたデータがある状態で，次のプロンプトを使って整理・分析を行ってみましょう。

✂️ プロンプト

以下の授業に関するアンケート結果の記述を分析してください。

制約条件：

- アンケートは原文をそのまま使用すること

- 原文から必要な部分だけ抜き出すこと

出力：

概要：

ここまでの学習で自信がある内容：

生徒が今後の学習に生かすべき内容：

教師が今後の指導に生かすべき内容：

アンケート結果：

[ここにアンケート結果をコピペする]

🧠 出力文例

概要：

この授業では，生徒たちは仮定法を使用して自分の理想の姿を英語で表現することを学びました。多くの生徒がこの課題に挑戦し，その過程で

… （中略） …

ここまでの学習で自信がある内容：

生徒たちは仮定法の使い方を復習し，英語で自分の考えを表現することに少しずつ自信をつけています。また先生や友達からの助けや意見交換

… （以下略） …

※今回は ChatGPT に作成させた生徒のコメント例を分析させています。

POINT▶3　ChatGPT と一緒に振り返ろう

　振り返りをさせると,「よくわかりました」「難しかったです」で終わって
しまう生徒も時々います。これでは,生徒は十分な振り返りが行えていませ
ん。生徒の中には,こうした振り返りを文章化することが難しいと感じる生
徒もいるのではないでしょうか。そんなときは,ChatGPT と一緒に振り返
りを行った後,Google フォームで提出させると,より具体的に振り返りを
行うことができます。次のプロンプトを生徒に共有して,やり取りをさせて
みてはいかがでしょうか。

✏️ プロンプト

> あなたは教師です。私は英語を学んでいる中学生です。今日
> の学校の授業の振り返りを行いたい。私が学んだことを振り
> 返れるように質問してください。

🧠 出力文例

> もちろんです。今日の授業の振り返りを行いましょう。
>
> 1. 今日の授業で一番興味深かったことは何でしたか？
> 2. 新しい単語やフレーズを覚えましたか？　もしそうならば,その中
>   で一番印象に残ったものは何ですか？
> 3. 今日の授業で一番難しかった部分は何でしたか？　それにどのよう
>   に対処しましたか？
> 4. 授業中に気づいた疑問や不明確な点はありますか？　それらについ
>   て話し合ってみましょう。

5. 今日の授業から得たものや理解したことは何ですか？ それが将来の英語学習にどのように役立つか考えてみましょう。

これらの質問を使って，今日の学習の振り返りを行ってみてください。もしご質問があればどうぞお知らせください。

必要に応じて，「質問は１つずつ聞いてください」を追加してみるのも良いかもしれません（ただし，GPT-4／GPT-4oでしかうまく動作しません）。

2024年５月のアップデートにより，課金をしていないユーザーもGPTsを使用できるようになりました。以下のGPTsは，私が上記のプロンプトをもとに作成したGPTsです。

授業の振り返り（GPTs）

https://chatgpt.com/g/g-B5dtZG5xQ-shou-ye-nozhen-rifan-ri

このGPTsには，「一緒に授業の振り返りを行いたいです。」というボタンを設置しているので，生徒はこのボタンを押すだけでやりとりを開始することができます。もしよろしければ上記のURLを生徒に共有いただき，ご使用ください。なお，GPTs作成者はユーザーのやり取りを見ることができません。安心して，ご使用いただければと思います。

GPTsの作成は，ChatGPT Plus（課金）ユーザーしかできませんが，このようにGPTsの形で生徒へ提供することで，生徒が難しいプロンプトを書く必要がなくなります。これにより，ChatGPTを使用するハードルがグッと下がります。振り返りだけでなく，「この文章のジョンとして振る舞ってください」とGPTsに指示し，生徒へ共有して，教科書の登場人物とやり取りするなんてことも簡単に行えるので，今後さらに言語活動の幅が広がりそうです。

おわりに

予言します。この本の出版報告をするとき，「原稿は ChatGPT が書いたの？」と私は言われることでしょう。実は，前作『ChatGPT×教師の仕事』を出版したときも，2回に1回ぐらいの高確率で，この冗談を言われました。

実際，教員をしながら本を書くというのは骨が折れる作業です。「生成 AI が原稿を書いてくれたらいいのになぁ」と思ったことが何度もあります。正確には，何度か試しに記事を書かせてみたことがあります。

しかし，実際に記事を書かせてみると，できあがったものはおもしろくなく，そのまま使えるものは出てきませんでした。日頃，私はできるだけ先生方の役に立つ本や記事を書きたいと思っているのですが，生成 AI が書いたものでは，どうも役に立たなさそうです。

なぜ優秀な生成 AI がこのように力を発揮できないのか，少し原因を考えてみました。その結果，一言で言うなら「現場をわかっていないから」なのかもしれないと考えるようになりました。

たしかに生成 AI は豊富な知識をもっていますが，これはあくまでもインターネット上にある広く一般的な情報です。一方で，教師が日々の仕事で必要とする知識や情報は，インターネット上にないことがほとんどではないでしょうか。

例えば，英語の授業で「何か良い言語活動がないかな」とインターネット上を探してみてもちょうど良い情報はそれほど多く出てきません。結局は，先輩教員に聞いたり，書籍から情報を得たりする方が良い案が出てきます。

この他にも，生徒がどんな知識をもっているのか，どんな経験をしているのか，生徒の個人情報や，学校独自の取り組みや様々な事情など，インターネット上にはない「ローカルな情報」がたくさんあります。私たちはこれらを組み合わせて考えながら授業を作っているはずです。

　このような状況下では，生成 AI が現場を理解して，教師がまさに求めている情報を出すことは難しいのです。

　やはり生成 AI を教育現場で活用していく方法としては，教師がもっている知識や情報を踏まえて，思考や作業を「補助的に手伝ってもらう」というのが現実的なところでしょう。

　もちろん生成 AI が優秀なのは間違いありません。生成 AI は瞬発的に正確な文章を大量に生成することができます。また，人間に比べてコストが安かったり，24時間365日動き続けられたりといった強みがあります。このような強みをフルに生かしながら，適材適所で生成 AI に仕事を振って，協働していくのが，これからの教師の在り方なのではないでしょうか。英語教師の皆様がどのように仕事を任せるかを考えるとき，本書がご参考になれば幸いです。

　さて，刊行に至るまで明治図書の江﨑 夏生さん，木山 麻衣子さんには，大変お世話になりました。また，米原市国際理解教育協力員の Mitch には，本書の英文校正を快く引き受けていただきました。ここに記して御礼申し上げます。最後に，原稿を執筆する私をあたたかく支援してくれた妻 典華，娘 玲実に心から感謝します。

2024年5月

南部 久貴

【著者紹介】

南部　久貴（なんぶ　ひさき）

1994年滋賀県生まれ。

滋賀大学大学院教育学修士。2018年より滋賀県公立高校英語科教諭として勤務。

ICTを活用した教育に関心があり，2022年度には，滋賀県のICTコアティーチャーを勤めた。この他にも，「総合的な探究の時間」の担当として，地域と連携した探究活動の実践にも取り組んでいる。

著書に『ChatGPT ×教師の仕事』（明治図書）がある。

※本書の内容は，あくまでも個人としての見解です。

中学校英語サポートBOOKS

英語教師のための ChatGPT 活用ガイド

2024年7月初版第1刷刊 ©著　者	南　　部　　久　　貴
2024年10月初版第2刷刊　発行者	藤　　原　　光　　政
発行所	明治図書出版株式会社

http://www.meijitosho.co.jp

（企画・校正）江﨑夏生

〒114-0023　東京都北区滝野川7-46-1
振替00160-5-151318　電話03(5907)6701
ご注文窓口　電話03(5907)6668

＊検印省略　　　　組版所 株式会社木元省美堂

Printed in Japan　　　　ISBN978-4-18-359322-1

もれなくクーポンがもらえる！読者アンケートはこちらから